番茄工作法
从入门到精通

如何充分利用你的 24 小时

From Rudiments to Proficiency in
the Pomodoro Technique

Martin 编著

北京大学出版社
PEKING UNIVERSITY PRESS

内 容 简 介

本书介绍了如何运用番茄工作法来管理时间,以及如何使番茄工作法在实际工作中发挥更大的作用,帮助职场人士养成好习惯,使其能够高效工作、高效生活。本书分为三个部分:第一个部分为入门篇,介绍为什么要学习时间管理和番茄工作法;第二部分是实战篇,介绍番茄工作法的具体使用方法,并引导读者使用;第三部分是精进篇,旨在帮助读者培养好的习惯,以便使番茄工作法发挥最大的益处。

如果你也想成就高效人生,不妨跟着我们一起进入番茄时钟的"魔法空间",创造高效人生!

图书在版编目(CIP)数据

番茄工作法从入门到精通 / Martin编著. —— 北京:北京大学出版社,2019.3
ISBN 978-7-301-30238-5

Ⅰ.①番… Ⅱ.①M… Ⅲ.①时间-管理 Ⅳ.①C935

中国版本图书馆CIP数据核字(2019)第008170号

书　　　名	番茄工作法从入门到精通
	FANQIE GONGZUOFA CONG RUMEN DAO JINGTONG
著作责任者	Martin　编著
责 任 编 辑	吴晓月
标 准 书 号	ISBN 978-7-301-30238-5
出 版 发 行	北京大学出版社
地　　　址	北京市海淀区成府路205 号　100871
网　　　址	http://www.pup.cn　　新浪微博:@北京大学出版社
电 子 信 箱	pup7@pup.cn
电　　　话	邮购部 010-62752015　发行部 010-62750672　编辑部 010-62570390
印 刷 者	天津图文方嘉印刷有限公司
经 销 者	新华书店
	880毫米×1230毫米　32开本　6.5印张　174千字
	2019年3月第1版　2021年6月第5次印刷
印　　　数	10001-12000册
定　　　价	39.00 元

未经许可,不得以任何方式复制或抄袭本书之部分或全部内容。
版权所有,侵权必究
举报电话:010-62752024　电子信箱:fd@pup.pku.edu.cn
图书如有印装质量问题,请与出版部联系。电话:010-62756370

你是否经常感到工作使自己疲惫不堪但仍然完不成工作任务?

你是否希望自己工作起来能够更高效,远离经常加班的人生?

你是否想要改变自己,不再成为职场的"loser"(失败者)?

你是否也曾羡慕别人,能在工作之余学习更多的技能、发展自己的爱好、丰富自己的人生?

……

时间对于每个人来说是最公平的,但也是最残酷的。每个人每天都只有 24 个小时,没有谁能多拥有一分钟。但在这相同的有限时间之内,有的人能够取得成功,既创造出极高的工作价值,又能拥有丰富的个人生活;而有的人虽然每天也在忙碌,却越"忙"越"茫",生活得始终不如意。问题到底出在哪儿呢?

并不是所有的人生来就会管理自己的时间。当今大部分人认为自己正在为工作忙碌,殊不知自己是在"瞎忙",他们不会正确利用自己的时间,无法高效起来。

由于时间对每个人都是如此重要,因此越来越多的时间管理方法应运而生了。番茄工作法诞生于 1992 年,作为经典的时间管理方法之一,流行至今。它使用起来非常方便,并能让使用者获得意想不到的效果。

如果对开头的问题,你的答案都是"Yes",那么恭喜你,你能从本书中获得走向高效人生的正确途径,用一个番茄时钟从此改变自己的人生。

本书不仅引导你入门,呈现番茄工作法的原理和神奇之处,更让你实践起来,真正将番茄工作法运用到工作中。你能通过入门篇知道自己对时间的掌握情况,了解如何利用碎片化时间;在实战篇学会番茄工作法的每个步骤,并轻松使用它;精进篇给你开启一扇高效的大门,助你

树立正确的目标、获得充足的精力、养成好的日常习惯等,使番茄工作法真正成为适合你的秘密武器。

"遇见更好的自己",不只是口号而已,你将在本书中找到时间管理的奥秘,从此步入高效之路。

除了本书外,你还可以免费获取以下相关学习资料。

1. 赠送《番茄工作法实操手账》,方便你在工作中进行实操练习,以强化番茄工作法的使用效率。
2. 赠送《高效人士效率倍增手册》电子书,教会你掌握工作中一些高效处理工作事务的方法与技巧。
3. 赠送《微信高手技巧手册》《QQ高手技巧手册》《手机办公10招就够》三套电子书,教会你移动办公技能和应用诀窍。
4. 赠送《10招精通时间整理术》视频教程,专家传授10招时间整理术,教会你有效整理时间、高效利用时间。

←以上资源,请扫描左边二维码关注公众号,输入代码fQ189Ht,获取下载地址及密码。

最后,感谢胡子平老师的精心策划与指导,在本书的创作过程中,他给予笔者极大的鼓舞和创作指导。笔者竭尽所能地为大家呈现最好、最全、最新的内容,但仍难免有疏漏和不足之处,敬请广大读者不吝指正。

Martin

目录
CONTENTS

第一篇　入门篇

第一章　时间都去哪儿了 002

第一节　你是否需要时间管理 004

一、3分钟自测：你真的会管理自己的时间吗 004
二、哪些人不会管理时间，你是否是其中的一员 006
三、学习时间管理很累，但不管理时间更累 008

第二节　问问自己，每天加班真的有意义吗 011

一、为什么加班的人总是你 011
二、抓住那个偷走你时间的"贼" 013
三、夺回时间，就不用加班 016

第二章　有时候"碎片化时间"欺骗了你 018

第一节　碎片化时代的到来 020

一、碎片化时间对我们很重要 020

　　二、黏合时间碎片的小技巧 023

　第二节　小心被碎片化时间"欺骗" 025

　　一、不要让碎片化时间成为"虚假勤奋者"的狂欢 026

　　二、利用好碎片化时间的正确方式 027

回顾测试 时间管理的奥秘　/028

第二篇　实战篇

第三章　学习时间管理，一个"番茄"就够了 030

　第一节　初识番茄工作法 032

　　一、时间管理的方法，在精不在多 032

　　二、番茄工作法的前世今生你知道吗 036

　第二节　五分钟"玩转"番茄工作法 037

　　一、设定一个番茄时钟 037

　　二、注意：一次只做一件事 040

　　三、抵抗时间黑洞的秘密——番茄时钟的一天 041

　第三节　"活动清单"与"今日计划" 048

　　一、什么样的目标更适合你——学会制作属于自己的
　　　　"活动清单" 048

二、"今日计划"表应该如何操作...............051

三、用两张清单进行直接反馈...................053

第四章 中断：遇到瓶颈怎么办...................054

第一节 注意力缺失症候群...................056

一、内部中断与外部中断.......................057

二、如何保护番茄时钟.........................059

第二节 别让拖延症毁了你...................061

一、拖延症到底有多可怕.......................061

二、你也是拖延症重度患者吗...................063

三、管理自己，对拖延症说：NO.................065

第三节 番茄工作法需要执行力...............067

一、没有行动，你仍然会一事无成...............067

二、学会坚持，完成番茄时钟...................067

三、给自己一些小"甜头"，使你走得更远........070

四、让他人来激励自己.........................072

回顾测试 番茄工作法，你真的懂了吗 /073

第三篇　精进篇

第五章　如何确立自己的目标 076

第一节　好的目标，让你不再"茫盲忙" 078
一、你的目标是否真的合理 078
二、好的目标在番茄工作法中的重要性 081
三、把握方向，用梦想清单武装自己 083

第二节　如何制订适合番茄工作法的目标 087
一、想要完成？给你的目标减减肥 087
二、适合你的，才是最好的 089
三、用做减法的方式完成目标 092

第六章　为什么高效人士都是清单控 094

第一节　清单，会让你变得高效 096
一、利用清单，帮你重塑高效人生 096
二、采取清单式的思维方法 099
三、清单控们喜欢使用的工具有哪些 101

第二节　工作清单：让你成为职场精英 105
一、制作清单，从一早开始 105
二、用清单进行开会的规划 108
三、怎样使清单更完美 109

目 录

第三节　社交清单：让生活更有乐趣 110
　　一、友情也可以用清单维系 110
　　二、如何用清单进行完美的旅行 111
　　三、避免冷场：不妨试试清单吧 112

第七章　管理好精力真的很有用 114

第一节　好的精力代表什么 116
　　一、你无法拥有更多的时间，但你可以用精力制胜 116
　　二、充沛的精力需要好的心态 119

第二节　发挥专注的力量 121
　　一、将精力转化为专注力 122
　　二、如何保持充沛的精力，让高效毫不费力 122

第八章　如何利用工作之余的八个小时领先别人 126

第一节　下班后，攻克高效的自律人生 128
　　一、自律的人更自由 128
　　二、为什么下班后我们仍需要自律 129

第二节　通勤时间如何利用番茄时钟 131
　　一、通勤时间长是一种什么感受 131
　　二、把通勤时间变得有意义的方法 132

第三节　晚间是自我提升的绝佳时机 135

　　一、晚间做点什么好 135

　　二、关于学习的小建议 136

第四节　改变清晨，改变人生 137

　　一、早起的力量 137

　　二、大好清晨可以用来做什么 139

　　三、帮助你早起的小妙招 140

第九章　番茄工作法的职场实用指南 142

第一节　行政／人力资源从业者的使用指南 144

　　一、行政／人力资源从业者的工作职责繁杂 144

　　二、利用番茄工作法提高工作效率 145

第二节　IT 从业者使用番茄工作法的技巧 148

　　一、适合 IT 从业者使用番茄工作法的技巧 148

　　二、IT 从业者是如何使用番茄工作法的 149

第三节　会计与财务管理从业者也需要番茄时钟 151

第四节　自由职业者同样可以使用番茄工作法 154

第五节　其他职场人士也可使用番茄工作法 158

目 录

第十章 高效人生的五大日常习惯 160

第一节 高效,从整洁舒适的工作台开始 162
办公桌上经常出现的物品 162

第二节 及时整理文件夹,给收件箱减负 166
一、有效整理文件夹的方式 166
二、给收件箱减负 167

第三节 "驯服"互联网,关闭 APP 中社交软件的通知栏 ... 168
一、关闭 APP 中的推送功能 169
二、有助于集中注意力的其他方法 169

第四节 养成好习惯,每日写工作日志 171
一、养成每日写工作日志的好处 171
二、工作日志的内容 172

第五节 睡觉前,回顾你的一天 174
一、回顾的意义 174
二、回顾的内容 174

> **回顾测试** 番茄工作法,你真的懂了吗 /175

附录 A 精选十大时间管理 APP 178
一、番茄土豆 178
二、Forest 专注森林 180
三、滴答清单 181

四、Moment 184
五、倒数日 184
六、潮汐 186
七、爱当天 188
八、34coins 191
九、小日常 193
十、iHour 194

第一篇

入门篇

我们常常在不知不觉中落入"时间危机",一方面感叹自己的时间不够用,另一方面却迷茫地不知道自己为何会到了这样的境地,也不知道怎么去解决。

认识自己,才是改变自己的第一步。本篇帮助我们回答一个问题——为什么我们需要去管理自己的时间,并带领我们步入时间管理的大门。

第一章
时间都去哪儿了

"成为更好的自己"，这是每个人都期盼的，我们想要在工作上取得更多的成就，想要有更多的时间去陪伴家人、朋友，想要去提升自己，培养更多的兴趣。

可是我们仍然无法改变，日复一日地得过且过，一边企图改变，一边迷茫不已，任凭时间流逝。

现代都市生活往往让我们陷入一种困顿迷茫的状态，这都是因为我们没有把握好、管理好时间，陷入了"很忙但无用"的状态。

无论是在工作中还是在生活中，我们都需要合理规划时间，用正确的时间管理方法管理时间。

带着以下疑问阅读本章

- 哪些人需要时间管理
- 如何树立正确的时间观
- 造成"我们"经常加班的缘由
- 哪些状况可能会导致我们浪费时间

读完本章，你能收获什么

- 了解自己是否需要时间管理
- 树立正确的时间管理观念
- 了解自己经常加班的原因和"不加班"的小技巧

第一节　你是否需要时间管理

时间管理不仅是一个概念，更是一种方法，每个人都需要对自己进行时间管理，"逝者如斯夫，不舍昼夜"，时间一旦浪费就再也找不回来了。有的人已经掌握了正确的时间管理方法并运用到工作和生活中，可更多的人还沉溺在时间的怪圈中，被时间黑洞吞噬。本节旨在让你了解时间管理的重要性和特殊性，并检测你是否真正需要学习时间管理。

一、3分钟自测：你真的会管理自己的时间吗

在阅读本书之前，你需要做一个关于时间管理的小测试，以便对症下药，帮你有效地管理时间。

小测试：回答"Yes"或"No"

（1）你通常花费很长时间在工作上，并且经常加班。

（2）你经常把没做完的工作带回家。

（3）你感到时间不够用，没时间去做任何想做的事。

（4）一旦你的工作没有完成，你会有很深的负罪感。

（5）你手边常常有很多不重要但长时间未得到处理的文件。

（6）你的工作计划不能成功执行或总是被打断。

（7）你感觉自己身上有很大的压力，即使没有出现很大的危机。

（8）你经常把工作拖到最后一刻，才会下定决心去完成。

（9）你经常会在办公室用餐，或是回家一边吃饭一边工作。

（10）你对自己不能陪伴家人感到抱歉。

（11）你无暇阅读与工作有关的书籍，想提升自己的技能却无从下手。

（12）当你休息了很长时间时，你会有负罪感。

（13）你常常花费大量时间去做一些琐碎的事，而没有时间去做与自己职业目标相一致的事。

（14）你忘记一些重要的约会或和他人的约定。

（15）你经常为工作熬夜。

（16）你沉溺于过去的失败而没有着眼于未来。

自测答案

13~16个"Yes"

你无法把握自己的时间，缺少正确的时间观，有一定程度的拖延症，这使你常常苦于时间不够用。你需要学会利用正确的时间管理方法管理时间，来帮你渡过难关。

9~12个"Yes"

你的时间管理方式存在一定问题，这给你的工作和生活都带来了很大的压力。你的时间观和管理方法仍需要加以改进，希望你能从本书中找到答案。

5~8 个 "Yes"

也许你的时间管理方法基本正确，但还存在一定误区。通过本书，你将会走出误区。并且希望你能好好坚持正确的方法，重新审视自己。

0~4 个 "Yes"

恭喜！你能成功管理自己的时间，请坚持你的方法。

二、哪些人不会管理时间，你是否是其中的一员

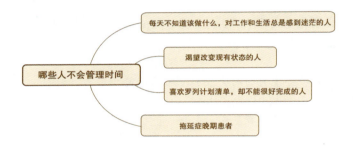

1. 每天不知道该做什么，对生活和工作总是感到迷茫的人

有朋友向我倾诉："我也想提高自己，但是无从下手。每天过着三点一线的生活，感觉时间都白白浪费了。"正是这个"白"字代表了现代都市人的一种生活状态——迷茫。感觉每天的时间过得很快，但是回顾一天又不知道自己到底做了些什么：好不容易在天黑前完成了领导交代的工作，匆匆吃过饭，躺在床上玩会儿手机；当意识到自己计划看的书还停留在第一页时，夜已经深了；下定决心去锻炼身体也总是一拖再拖，总是想着明天早上吧……

迷茫有多可怕，相信大家都能感知到，情形严重的话甚至会对自己和生活失去信心。如果需要找一个词和"迷茫"相对照，那一定是"充实"。充实是指我们每天都有明确的目标，每天都有成就感。但忙碌不代

表充实，忙碌往往只是一种假象。

只有合理地规划时间，我们才能更好地经营自己。通过对时间的把控，你既能矫正自己的时间观，又能在按计划完成自己的工作后，抽出时间做一些自己想做的事。并且，你将从中找到自己工作和生活的意义，从而更好地了解自我、规划自我。

2. 渴望改变现有状态的人

要想在忙碌的工作之余继续学习、成长、提高，改变现有的生活状态，你就需要合理规划自己的时间。

很多人渴望改变现状，却总是把时间浪费在无意义的事情上。有一点困难就放弃，注意力经常被其他小事吸引。通过时间管理，一方面，可以改变自己的生活节奏，把握时间的规律和法则，提升时间的利用效率；另一方面，可以给自己一种仪式感，提醒自己要向着自己的目标努力。

目标往往不是轻而易举能够实现的，需要通过一步步的努力才能实现。

3. 喜欢罗列计划清单，却不能很好完成的人

有的人喜欢罗列一大堆不符合自己实际情况的计划清单，或是用计划清单把自己的一整天安排满，实际上能完成的没有几件。这样既给自己造成了很大的压力，又因为罗列清单而错误地造成了时间的浪费。

还有的人按照自己清单的安排在工作时只完成了一些无关紧要的"小事"，回家后却发现最重要的事情还没有做，由此陷入了一种高耗能、低产出的"魔咒"。这些人虽然意识到了清单的奥妙之处，却不知道如何很好地利用它。

有时，我们企图利用看起来被填满的清单来显示我们生活的充实，而这只不过是在掩饰我们的懒惰和无能，只是造成一种忙碌的假象。事实上，我们仍然缺少一种管理时间的能力，缺少行之有效的方法。

4. 拖延症晚期患者

拖延症是现代职场人士的一种常见症状，是指人们在能够预料后果对自己有害的情况下，仍然把计划要做的事情推迟完成的一种行为。拖延症往往体现在各种小事上，但日积月累就会影响个人发展。拖延一旦成为一种习惯，更是会影响到工作和生活的方方面面。

长期有拖延症而不加以解决还会对个人心理造成压力和影响，转而使人害怕去完成任务，对自己的能力丧失信心，从而进一步加深拖延的程度。

有拖延症的人最需要学习时间管理，一味地逃避并不能解决问题。只有通过时间管理，将时间分成时间块，安排好每块时间所要完成的任务并及时地完成，拖延症的问题才能迎刃而解。番茄工作法可以称得上是拖延症的克星，如果你也有拖延症，就跟着本书学习番茄工作法并好好利用它吧。

三、学习时间管理很累，但不管理时间更累

学习时间管理，首先要知道它不是一件简单的事，也不能一蹴而就，只有口头的计划是无用的，行动才能帮助你将其真正运用到生活中。也许你会觉得专门花费时间和精力去学习时间管理是一件多余的事，会占用自己的休息时间。但实际上，管理时间就等于节约时间，学习时间管理是在帮你争取更多的个人时间。

学习时间管理的首要任务是转变心态，意识到时间的重要性。在美国，数字"1 440"常常被人提起。这是一个神奇的数字，它代表着一个人"每天只有1 440分钟"。时间是我们宝贵的财富，它对每个人都很公平，永远无法倒流。1 440分钟过去了，意味着一天就过去了。你确定要让时间这样流逝吗？想想你还有多少梦想要去实现，还有多少目标要去完成。时间，要经过管理才有价值。所以，你需要提醒自己每分每秒的重要性。

第一章 时间都去哪儿了

> **温馨小提示**
>
> 一天的时间除了用分钟来换算外，通常也会用"24小时"或者是"86 400秒"来表示。如果你对这两个数字更敏感，觉得更有助于提高效率，那么你也可以用这两个数字作为时间流逝的标志。

要学会管理自己的时间，重要的是要减少不必要的浪费。下面请大家来记录一下自己在一天固定的八小时工作时间里完成了哪些工作，结果可能会使你大吃一惊。

工作完成情况记录表

时间段	完成了哪些工作	做了哪些和工作无关的事
9:00~10:00		
10:00~11:00		
11:00~12:00		
午休		
13:00~14:00		
14:00~15:00		
15:00~16:00		
16:00~17:00		
17:00~18:00		

这个表格通过划分时间段将工作时间分割成了碎片,你的记录将会非常有用。仔细审视完成的表格,你将会发现,微信聊天、浏览网页、逛淘宝店铺、发呆等行为占用了大量的工作时间,导致你不得不拿出自己的休息时间去填补这些漏洞。并且,你还会发现一个事实:你当天所完成的工作任务大多集中在某一个或某几个时间段。这是因为人们80%的成果通常源于20%的行动。

接着,请你将上表中所填写的"完成了哪些工作"一栏中的内容分别用 A(表示"集中精力快速完成")、B(表示"花费很长时间完成")、C(表示"断断续续至今没有完成")进行标注,然后根据难易程度将它们进行分类,"非常困难"标注为红色,"较困难"标注为蓝色,"轻松"标注为绿色。例如:

工作完成情况及其等级表

完成了哪些工作	等级
查看邮箱	B
完成年度报告	B
给 XX 打电话	A
制订一个新方案并和同事讨论	C
和商场沟通	C

标注过后你会发现,不仅仅是一些显而易见的重要项目没有得以按时完成,就连一些简单的工作,竟也花费了你大量的时间和精力。这是由两个因素造成的:一方面你在工作安排上不能分清轻重缓急,另一方

面你在具体工作中注意力不够集中。

那么时间管理能够给你带来什么呢？"自律的人生才会自由"，学习、使用时间管理后，你会实实在在地体会到这句话的含义。时间管理带给你的不仅是更多的时间，让你去恢复精力、自我提升、发展兴趣、陪伴家人；更重要的是，在践行时间管理的过程中，良好、健康的生活习惯和工作状态将伴随你一生。

其实，我们管理的不仅是时间，更是我们自己。只要我们能树立正确的时间观念，运用正确的方法去管理时间，就可以减少时间的浪费，避免被时间黑洞吞噬。

时间管理的方法有很多，你将会在本书中探寻到"番茄工作法"的奥秘，通过它来翻开你自律的人生篇章。

第二节　问问自己，每天加班真的有意义吗

日常加班的状况困扰着众多职场人士，时间不够用，事情永远做不完，甚至为此心力交瘁。而实际上，大多数情况下我们不需要加班，频频加班的结果是由我们浪费时间，工作效率低下造成的。那么，怎么才能做到"不加班"呢？读完本节，你将了解到哪些因素正在消耗你的时间及造成加班的内在原因，也能帮助你夺回时间、告别加班。

一、为什么加班的人总是你

莎士比亚说过这样一句话："放弃时间的人，时间也会放弃他。"时间是如此宝贵，我们每个人都迫切地想抓住它，可是，我们常常会感觉时间根本不够用，被时间追着走，被做不完的任务压得透不过气。

你是否也像我一样,会有这样的感触:每天忙忙碌碌地花费大量时间去工作,却感觉工作怎么也做不完;到了下班时间还总得加班,甚至有时候晚饭都要在公司解决,很晚才能回家,到家后不是继续工作就是倒头就睡;偶尔按时下班,回家自己做顿饭,一看表已经折腾到八九点了,收拾收拾又该睡觉了;好不容易盼来了周末的美好时光,睡睡懒觉、忙忙家务一天又过去了,心里总感觉少点什么。

在现代社会,不少人都有这样的感觉,这是因为我们陷入了时间黑洞。我们只是一味地"忙忙忙",而这种忙是无效率的、徒劳的。

1. 时间黑洞的形成

小王是名从事财务工作的公司职员,某天上班时间,他打开社交软件,想要给同事发送工作消息,这时计算机桌面上弹出了一条本地新闻报道,小王忍不住点了进去,但就是这样下意识的一"点",他就陷入了时间黑洞中。

小王因为一条新闻而分心,在他花了五分钟时间阅读新闻后,失控的注意力开始转向这条新闻的相关报道。这样一来,原本给同事发送工作消息的事情,已经被小王抛诸脑后,接下来的其他工作,也都被无情地耽搁了。

就像小王一样,我们是如此轻易地、不知不觉地陷入时间黑洞里。现实生活中,我们无时无刻不面对时间黑洞的陷阱。看剧的时候,网购的时候,甚至用手机客户端看新闻的时候,稍不留神,时间黑洞便利用许多相关联的信息,把我们吸入其中。而我们,徒享大把安逸时光,却蹉跎了岁月。时间不是被谁偷走的,而是被我们轻易丢掉了。

你忙吗?

忙。

你最近在忙些什么?

嗯……忘了。

2. 避免陷入时间黑洞的方法

正是由于时间黑洞的存在，造成了你每天加班的惨状，你以为自己费心费力，付出大量的时间，而那只不过是你没有正确管理时间所付出的代价罢了。

那么如何才能避免陷入时间黑洞呢？

首先，你要弄清楚得失，你现在手里的工作是否在你的工作职责内，你是否有经验、有能力独立处理大量工作。

其次，分析这些工作，用难易程度（而非工作性质）把它们分门别类，这样你就可以真正了解压在你身上的重担有多少。

再次，了解这些工作的价值所在，完成后能否取得相应的回报，以及你需要花费的时间成本大概是多少。

最后，我们就能发现问题到底出在哪里。

需要注意的是：我们通常把自己的工作时间、工作量与工作成效画等号，而没有考虑工作任务的紧急程度和工作内容的难易程度。这必然会造成我们工作效率的下降，造成日常工作的混乱，让我们忙得"一头雾水"，形成恶性循环。

二、抓住那个偷走你时间的"贼"

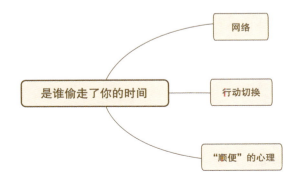

1. 网络

光怪陆离的网络世界无时无刻不在吸引着我们，把我们吸进时间黑洞，使我们对时间的流逝失去觉察。例如，用手机聊微信，沉浸在聊天对话里，也许发一条信息只需几十秒钟，但发来来去去几百上千条聊天信息，一下子就占用了几个小时。

面对这种情况有一个绝佳的解决方法：适当放松，转移注意力是应该的，但需要限制时间，用闹钟作为警示，告诫你应该专心工作了，否则又要加班了。这也是番茄工作法的优点，用番茄时钟来监控时间。

当前，我们处于大数据时代，网络资源的丰富也是我们蹉跎岁月的缘由之一。一打开网络，各种时政财经新闻、娱乐八卦头条爆炸式地向我们涌来，使我们防不胜防。即使你刻意将网站隐藏起来，但各种信息还是可能通过弹窗来"袭击"你。这些信息大多数并不重要，但会吸引你的注意力。这时，你最好将计算机设置成无弹窗模式，或是只在必要时打开网页。

同样，有的职场人士每天都会收到几十封邮件，收发邮件本来是常规工作的一部分，但如果不善于处理这些邮件，也可能会导致时间的大量浪费。在工作日的上午，他们打开计算机通常先查看邮箱处理邮件，然后便被邮件吸入了时间黑洞，一天的时间就浪费在查看邮件上了。但其实大多数通过电子邮件传达的事情，通常都不是最重要、最紧急的。我们无须花费太多的时间在这些邮件上。面对这种情况可以限制自己每天处理邮件的次数，每次不超过 15 分钟，先处理一些最紧急的。对于剩下的邮件再找时间集中处理。

2. 行动切换

行动切换通常是处于我们意料之外的，但并不是完全不能避免的。任何行动的切换都会产生一定的时间成本。比如，我们正在完成手里的项目，快要完成时领导突然通知各部门一起开会，而且这个会议的时间可能还不短。这就是一个典型的行动切换，会议不仅将占用我们完成项目的时间（参加会议也是工作的一部分），而且产生的时间成本还包括行动切换带来的前置时间和后置时间。

（1）前置时间。开会前，我们会思考领导为什么突然宣布开会，会上要讨论什么内容，自己之前是否有什么地方做得不尽如人意，在会上要怎么表达自己的想法。开会前需要准备一些资料，还要简单收拾一下桌面，以及走到会议室、坐下等同事和领导全部就座。

（2）后置时间。刚开完会的一段时间里仍然无法走出开会时的情景，不能马上回到之前完成手里项目时的状态。这段时间里我们将会反复思索自己在会议上有没有说错话，有没有不良表现；会后怎么落实领导传达的会议精神及安排的各项任务；厘清工作思路。如果你没有及时厘清思路，那将会耽误更多的时间。

把这些行动的前置时间和后置时间相结合，就会形成一个巨大的时间黑洞。我们试图迅速切换状态，但总是事与愿违。要想在行为切换中抢回时间并不容易，唯一的方法就是集中批次处理，即把相同的"切换"堆积起来，确定一个主题。

比如，每个工作日都会有同事邀请我们一起去吃午餐，但是这会增加吃午餐的时间，甚至把午休时间也用来聊天了，常常一顿饭吃完就到了上班时间。我们可以挑选工作外的时间召集同事聚餐，既培养了同事之间的感情，又节约了工作日的午餐时间。

同理，面对行动转换，你尽量将工作或是生活中的事务集中起来完成，需要打的工作电话收集起来一次性打完，需要发送的邮件尽量一起提前发送。不过千万注意别产生"顺便"心理，以免浪费更多的时间。

3."顺便"的心理

有些人"十分节约"，但将这种心态运用到时间管理上是不可行的，这反而会造成时间的大量浪费，从而因小失大。"顺便"的心理是指为了节约时间，多做了一些无意义的事时产生的心理。例如，有时我们会想，既然已经打开电视了当天就多看一会儿吧，然后就自然而然地陷入时间黑洞；我们本来计划只去电影院看一场自己期待已久的电影，然后就回家继续完成工作，结果我们在看完电影后便暗示自己"反正都出门了，不如再去逛逛街吧"，当我们逛街吃完饭回家后，却还有一大堆工作等着我们去做。这种心理是完全需要抵制的，就像有的人因为打折买一堆并不需要的东西一样。

我们需要时时刻刻提醒自己，"占小便宜"会损失更多。当然，还有很多自身的和外在的因素可能会导致我们陷入时间黑洞，在后面的篇章里将进行详细介绍。

三、夺回时间，就不用加班

人们常说"虽然我们无法增加生命的长度，但可以增加它的宽度"，时间也是同样的。虽然无法使一天 24 小时变成 25 小时，但是我们可以充分利用每一小时来完成更多的工作，或是做更多我们想做的事。

在现代职场中，加班已经是很常见的现象了。当然，加班是对自己的工作负责任的体现，但在大多数情况下，加班是可以避免的，根本无须加班。而加班的原因有以下几方面。

1. 工作时间浪费严重，工作效率低，不能按时完成工作任务而不得不加班

在这种情况下，有可能别人六个小时就可以完成的工作，你却需要十个小时才能完成。

2. 公司要求或因行业、工作性质而需要加班

在 IT 公司、会计事务所、律师事务所或者设计类工作室等工作，经常会遇到加班的情况。部分公司会因为处于旺季工作量较大或有项目面

临短期的赶工需要员工加班，这与工作性质相关，属于外力因素。

3. 为了自我提升，自己主动加班

这一种其实不属于加班的范畴，应该属于自我的"学习与提高"。这种加班是把工作当成自己人生历练的一部分，能在工作中找到乐趣，不断提升自我，是值得提倡的。

我们真正应该解决的是第一种加班的问题，即因自己浪费时间而导致工作无法完成的情况。英国著名历史学家诺斯古德·帕金森在1958年出版了《帕金森定律》一书，它的书名"帕金森定律"揭示的定律被称为20世纪西方文化三大发现之一。"帕金森定律"属于时间管理的一个概念，告诉我们这样一个道理：在工作时，只要还有多余时间，我们工作所需的时间就会被不断扩展，直到用完所有的时间。比如，领导给你安排了工作，要求你上午完成，你能够及时地完成这些工作；但如果同样的工作量领导让你八个小时之内完成，你将会把完成工作的时间延长至八个小时，而不是上午的三个小时。

而现在，因为我们不能管理好自己的时间，导致这种现象更严重，不仅不能在规定的时间内完成工作，甚而还要花费好几倍的时间，从而影响了休息与生活。

想要改变工作状态，不再加班，就必须重新规划自己的时间，别让时间在你的漫不经心下悄然流逝。而改变这一切就要从最有效的时间管理方法之一——番茄工作法说起。

第二章

有时候"碎片化时间"欺骗了你

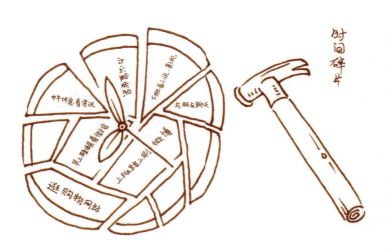

时间碎片（Time Confetti），是和时间块（Time Block）相对应的概念，是指时间块和时间块之间的间隙时间，也就是每个人一天中零碎的休闲时间，通常是没有安排任何工作、未被计划的时间。例如，在学生时期，两堂课中间的课间十分钟，就是典型的碎片化时间。

在当今社会，由于网络通信的飞速发展，在碎片化时间中，我们接收到的信息也成了碎片化的。那么，我们应该如何应对碎片化的时代呢？

带着以下疑问阅读本章

- 什么是"碎片化时间"
- 如何有效地利用碎片化时间
- 如何避免成为"虚假的勤奋者"

读完本章，你能收获什么

- 了解碎片化时间的功能、用法
- 学会利用碎片化时间
- 避免在利用碎片化时间时造成过度浪费

第一节　碎片化时代的到来

不知不觉间，人们的生活和工作中就有了很多零零碎碎的时间，被称为"时间碎片"，这些时间也是人们生命中有限时间的重要组成部分，一旦被抛弃，则会造成不可挽回的损失。纵使它们很分散，若我们掌握了正确的方法也可以将之好好利用。下面将介绍碎片化时间和如何有效利用它。

一、碎片化时间对我们很重要

时间碎片是指那些零散的、无安排的时间段。人的一生也是由众多的时间碎片一点点拼接而成的，我们的时间块也可以被分解成无数的时间碎片。在日常生活中，我们再怎么把工作和日常事务安排得井然有序，都难免会有一些预料之外的时间碎片。

由于时间碎片的各个时间段较短，常常被我们所忽略，一不小心时间就过去了。加上这些时间段很分散，就像玻璃碎片一样，很难被利用

起来，我们往往在不经意间就消磨了它们。

时间碎片短而散的特点，决定了其不可能集中用来做一件"大事"或系统性、主干性的事。但是，这并不意味着它们不重要。它们既可以用来修饰在时间块里需要完成的重要任务，为其添砖加瓦；也可以用来安排一些用不了太长时间的小任务，做到"零存整取"。

从事财务工作的小王就计算过自己的碎片化时间：上班坐地铁的 30 分钟，午饭后的 30 分钟，下午外出办事路途上的 1 个小时，等待晚餐的 15 分钟……多的时候一天加起来能有五六个小时的碎片化时间，正常时候也要有两三个小时。试想一下如果每天浪费两三个小时，一年下来会浪费多少时间。

1. 利用这些碎片化时间我们可以做什么

先来看看大部分人是如何度过这些时间的。

如何度过这一天

时间	事项
7：00~7：15	醒来，拿出手机看微信朋友圈、刷微博
8：00~8：45	等地铁，乘坐地铁到公司上班。地铁上的大部分人都在刷手机，你当然也是
8：45~9：00	到了办公室，既没有开始工作，也没有整理办公环境，而是在和同事聊天
12：40~13：00	午饭后，要么和同事聊天，要么逛淘宝
18：00~18：45	下班了，一下恢复了精神，继续在地铁上看微博、看娱乐新闻
22：30~23：00	睡前也不忘拿起手机把微博、微信再刷一遍，或是继续逛淘宝

从上面的例子可以看出，手机霸占了我们碎片化时间的绝大部分，这些时间通常都被无意义地消磨掉了。

2. 对于时间碎片可以做哪些安排

首先，要注意的是不管做什么，都要因地制宜。根据时间碎片产生的环境，来选择不同的利用方式，这样才能使我们的安排产生效益。其次，根据碎片化时间的特点，我们最好在此期间做一些不那么重要的事，而将那些对我们影响深远、特别重要、比较困难的事放在固定的时间块去完成，这样安排才得当。当你有意识去注意这些时间碎片时，相信会有意外的收获。

这里有一些如何安排碎片化时间的小提示。

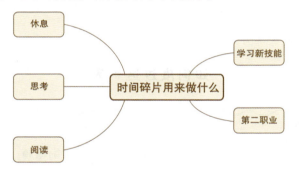

（1）休息。如果遇到自身比较困倦，而刚好周围比较安静的情况，可以选择小憩一下。这样可以保证之后精神饱满，但一定要警惕千万别睡过了头而耽误了正常的工作，也绝不能陷入深度睡眠。

（2）思考。若时间较短，可以用来想一些自己感兴趣的东西，思考人生，规划生活；或是思考工作上的一些计划、方案。有时候，灵感就在一瞬间到来。

（3）阅读。我们通常会在公交车、地铁上用手机、Kindle 或其他电子设备来进行阅读。在工作日最好选择和自身职业相关的书籍进行阅读，这是自我提升的绝佳时间；也可以用手机 APP 看一些本行业相关的新闻，这里需要注意的是，最好别被社交信息、无意义的网络新闻吸引了全部注意力而陷入时间黑洞里。

（4）学习一些新技能。例如，学习新的语言、新的计算机操作技巧及办公软件技能，了解一些未知领域的新知识。每天利用十分钟的空余时间来学习将会使你收获受益一生的技能。而且现在各种学习类的手机APP层出不穷，对于各行各业都有涉猎，一些视频课程也能够用手机免费或低价购买观看，是一种很好的选择。

（5）此外，对于碎片化时间，还可以根据自己的兴趣用来发展自己的第二职业。现在有很多"斜杠青年"——那些拥有多重职业和身份的多元生活的人群，他们可能有份朝九晚五的工作，但还会利用工作之余做一些自己喜欢的事情，并获得额外的收入。这些人通常能够很巧妙地抓住碎片化时间。

二、黏合时间碎片的小技巧

首先来简单记录一下你一天中能有多少碎片化时间。请将你的碎片化时间填写在下面的表格中，注意尽量不要有遗漏。

碎片化时间记录表

时间	持续时间	做了什么
早上起床～开始上班		
上班～开始午休		
午休		
下午上班～下班		
下班～开始吃晚饭		
晚饭后～就寝		

这里以老王的上午及午休时间来举例。

老王的上午及午休时间

时间	持续时间	做了什么
上班~开始午休	(1) 9:20~9:30 (2) 10:15~10:30	等待打印资料 等待和同事开会,整理资料
午休	(1) 12:05~12:20 (2) 12:40~13:00 (3) 13:00~13:30	吃午饭之前,和同事聊天 手机淘宝购物 午睡

现在根据详细记录来统计你在这一天的时间碎片的总时长,请记录在下面的表格中。

时间碎片记录表

碎片化时间	日常活动时间(除去夜间就寝时间之外的时间)	计算出比例(%)

只有当你对自己的碎片化时间有总体的了解时,你才能够很好地规划它们,做到"运筹帷幄"。那么,应该如何规划呢?

1. 每天的碎片化时间可以是固定的

每天固定的碎片化时间可以有固定的安排,将碎片化时间"变废为宝",转化成固定时间。例如,通勤时间是每个工作日都有的,就可以做出统一的计划安排。

2. 更多的碎片化时间是非固定的

对于突然空出来的碎片时间，可以利用随身携带的手机和其他电子设备来学习、工作、思考。通常，我们都将手机视为"玩乐"的工具，而实际上我们可以充分利用它的各种功能，通过软件来提升自我，它既方便携带，又有储存容量大的优势。我们可以根据近期的目标，下载好对应的APP和内容，这样就可以在任何时候进行学习，而不是无意义地刷朋友圈、刷微博、看八卦新闻。

3. 提前做一些准备

比如，你当天和一位客户约定好了时间，但你知道这位客户总是不守时，为了避免等待客户的时间被浪费，你可以随身携带其他需要处理的工作报告，也可以简单地带一本读物。

第二节 小心被碎片化时间"欺骗"

当今社会，我们的时间已经被切割得支离破碎，有很多信息在不断吸引我们的注意力，让我们越来越难以专注。

第一是浮躁。我们很难在一段时间内持续做一件事，无论是网络游戏、社交媒体还是工作中的各种小事都在不断影响我们的注意力。例如，某天你打开计算机计划上网查收一封邮件，但在打开网页后立即被一则新闻所吸引，待看完新闻后，又发现了某位明星的八卦新闻便迅速点击链接去关注，之后发现一部新上映的娱乐大片，就兴高采烈地开始看电影了。这样一来，我们的注意力就无法集中，从而很难"脚踏实地"做事。

第二是信息过多，难以选择。每天，各种信息爆炸式地向我们涌来，可是我们的储存量太小，这就要求我们必须对其进行抉择，可大部分人都缺乏正确的判断能力，于是生活和工作越来越混乱。我们面对的工作

和任务越来越杂,浪费的时间也越来越多。因此,虽然时间碎片很有用,但是一不小心就可能会被它们"反将一军"。

一、不要让碎片化时间成为"虚假勤奋者"的狂欢

我们强调,充分利用碎片化时间有一个重要的前提是:在工作和生活中,我们已经充分利用了那些"非碎片时间"。因为对于我们来说,"非碎片时间"才是能使饥肠辘辘的我们填饱肚子的美味佳肴,而时间碎片只是在大餐后享受的诱人甜点。虽然甜点外形可爱、口感良好,但我们不能过度依赖它。我们要想在工作中取得好成绩,最终还是要回归到这些固定的时间块上。

我们其实没有那么忙,忙到需要榨干时间碎片的分分秒秒,只要我们能在正常的工作时间完成工作,在休息时间好好休息,很多时间碎片就只是为我们的工作和生活锦上添花罢了。有的人,在上班时间聊微信、刷朋友圈,下班时间一到就开始加班,还自诩把时间都奉献给了工作,其实这只是本末倒置,用一句俗语形容就是"捡了芝麻,丢了西瓜"。

还有一点就是,碎片化时间的特点,决定了它很难处理重要的、系统的任务。如果你不断地给碎片化时间赋予重要的任务,甚至远超过它的时间限度,那么当你断断续续完成工作后你会发现这些工作的质量不如以往,但花费的时间比以往更多。试想有两位员工被公司安排做同一项工作,一个在正常上班时间,充分准备、细心完成;另一个总是利用休息的时间去搞定,将任务一拖再拖。孰是孰非一想便知。

这里需要特别注意的是:碎片化时间常常会给人制造一种假象,好像自己抓住了它们就代表自己很努力了,期望能够"天道酬勤"。老王就是利用碎片化时间的倡导者,但他并没有真正掌握应该如何利用它们。他每天刚踏上地铁就兴冲冲地拿出项目报告开始准备,没有什么工作任务时也会带上别的书来看,这本来是每天自我时间管理绝好的开端,但

是之后就被打破了。老王到了公司一坐下就想，反正我已经在地铁上看过报告了，那么我就先休息一会儿再工作吧，之后就果断开始看新闻、和朋友聊天。其他同事都相继进入工作状态了，只有老王还在为自己当天早上的"勤奋"而沾沾自喜。因此，虽然碎片化时间要利用起来，但要先学会合理地管理自己的日常时间块。

二、利用好碎片化时间的正确方式

那么，避免成为"虚假勤奋者"，利用碎片化时间的正确方式是什么呢？

1. 分清主次

分清主次是利用碎片化时间的重要前提，也是时间管理过程中的首要任务。首先，需要将具体的各项工作任务、生活任务、学习任务按照其重要程度进行排序，同时对任务大概需要花费的时间进行估算，不用太精确。其次，对于那些重要的、较困难的、需要花费大量时间的任务，最好安排在完整的时间段内，并且最好安排在自己最高效的时间段内。最后，将剩下的一些比较轻松容易的任务，能在短时间内迅速完成的，或是不太紧急的，就可以将其安排在时间碎片里。

2. 追求成果

我们必须明白：我们追求的是成果。

碎片化时间可能会使我们在完成了一些次要任务时产生虚假勤奋的幻觉，觉得自己已经满足而放弃真正重要的任务。因此，面对碎片化时间，我们可以设定目标，用量化来真正达到管理时间的效果。不过在碎片化时间安排的任务，不要本末倒置，否则将会掩盖其他重要工作。要用最后的成果来检验是否真正合理利用了碎片化时间。

回顾测试 时间管理的奥秘

一、选择题

1. 下面需要进行时间管理的人是（　　）。

A. 常常对生活感到迷茫的人　　B. 有拖延症的人

C. 渴望改变现状的人　　D. 以上全部

2. 在美国，有一个数字因为拥有神奇的力量而经常被人们所提及，它代表着每个人每一天所拥有的分钟都是相同的，它是（　　）。

A. 1 440　　B. 1 400

C. 1 540　　D. 1 500

3. 下列选项会偷走你的时间的是（　　）。

A. 行动切换　　B. 网络

C. "顺便"心理　　D. 以上全部

二、简答题

1. 时间碎片可以用来做些什么？

2. 避免成为"虚假勤奋者"，应该如何利用碎片化时间？

答案

一、选择题

1. D　　2. A　　3. D

二、简答题

1. 休息、思考、阅读、学习新技能、发展第二职业

2.（1）分清主次。将任务按重要程度进行排序，并估算时间。将比较轻松容易的，能在短时间内迅速完成的，或是不太紧急的，安排在时间碎片里。（2）追求成果。我们可以设定目标，用量化来真正达到管理时间的效果。

第二篇

实战篇

本篇揭开了番茄工作法的真面目,为我们使用番茄工作法提供了详细的指导。我们将从中学会如何使用番茄工作法,以及在使用中如果遇到困难我们应当如何处理等。

第三章
学习时间管理,一个"番茄"就够了

番茄时钟

有诗云:"纸上得来终觉浅,绝知此事要躬行。"意思是,有了想法没有去实践最后也只是纸上谈兵,只有真真切切地行动才能把想法落到实处。

时间管理的重点不在于观念和理论,而在于将其运用到实际中。番茄工作法可谓时间管理具体方法中的翘楚。它既简单易学,又适合各类人士使用,同时还能够真正帮助你管理时间。

时间管理"在精不在多",一个"番茄"就够了。

带着以下疑问阅读本章

- 什么是番茄工作法
- 为什么要选择番茄工作法
- 运用番茄工作法有哪些注意事项
- 番茄工作法有哪些清单,如何将其运用到实际中

读完本章,你能收获什么

- 番茄工作法的起源和基本原理
- 番茄工作法的四大步骤
- 如何设置番茄工作法,用它管理时间
- 如何具体使用"活动清单"和"今日计划"

第一节　初识番茄工作法

经过多年的实践，人们根据自身的特点总结出了多种时间管理的方法，番茄工作法就是其中重要的一种。番茄工作法的原理和具体实施方法都是很容易学会的，而且使用时其便捷性和有效性一点也不逊色于其他较为复杂的时间管理方法。

现在就来真正揭开番茄工作法的神秘面纱，初步认识这种神奇的时间管理方法。

一、时间管理的方法，在精不在多

在学习番茄工作法之前，首先要对时间管理方法有一定了解，以帮助我们进行取舍，选择最适合的时间管理方法。

1. 番茄工作法

番茄工作法是由瑞典作家弗朗西斯科·西里洛于 1992 年创立的一种比 GTD 更加简单易行的时间管理方法。

如果用一句话概括番茄工作法的过程，那就是，设定番茄时钟（25分钟），开始完成任务但中途不要终止，番茄时钟响起后休息 5 分钟再开始下一个任务，每 25 分钟休息一次。

对于番茄工作法，还有一点非常重要，那就是对清单的整理和执行。

2.GTD 时间管理法

人的记忆和注意力的集中是很有限的，很少人能够在同一时间做多件事。而且我们如果没有对时间进行正确的安排，即使只在同一时间关注同一件事也可能会造成任务混乱，最后每件事都没有做好。鉴于此，GTD 工作法就诞生了。

GTD 是英语"Get Things Done"的缩写，是由时间和效率管理专家戴维·艾伦开创的一套经典的时间管理模式，现在仍流行于世界各地。GTD 可以通过更好地跟踪和管理你的时间、需要做的和想做的事，来帮助你厘清思绪、提高效率，集中精神完成最重要的任务。

GTD 的五个核心原则是：收集、整理、组织、回顾、执行。它要求你将心中所想的事情都写下来，并且安排好下一步的计划，然后再按照设定的路线一步步地去努力执行。

3. 帕累托法则（80/20 定律）

帕累托法则是由意大利哲学家、经济学家帕累托提出的，是关于"投入与产出不平衡"的普遍真理：通常情况下，80% 的成果仅仅源于 20% 的投入。因此，这一定律又被称为"80/20 定律"。

"80/20 定律"不仅在经济学、管理学领域应用广泛，它对自我管理也有重要的现实意义。它可以帮助你学会避免将时间和精力花费在不重要的事情上，不做无用功。

一个人的时间和精力都是非常有限的，没有谁能百分百做好每件事情，即使是那些历史上的"天才"。这就要求我们学会合理地分配时间和精力。帕累托法则告诉我们要把 80% 的精力花在能出关键效益的 20% 的地方，这 20% 又能带动其余 80% 的发展。

4. 六点优先工作法

要了解这种方法,可以先从一个故事引入。相传美国伯利恒钢铁公司总裁曾因为公司濒临破产,而向效率大师艾维利咨询求助。面对总裁的求助,艾维利耐心地听完对方的倾诉,之后请他拿出一张白纸,要求他把第二天要做的事情全部写在纸上。

总裁便先在纸上写下了几十项他需要完成的工作。然后,艾维利要求他按事情的重要程度,分别从"1"到"6"标出自己认为最重要的六件事,并让他从明天开始,按照此顺序一一完成这六件事,完全解决第一件事后再开始做第二件事,以此类推。一年后,艾维利收到了一张来自伯利恒钢铁公司的2.5万美元的支票作为咨询费。原来,使用了艾维利的方法后,总裁的难题便迎刃而解,并将之逐步推广到全公司,使整个公司的效率获得了提升。

这是一个相对简便的时间管理方法,它使用的工具很简单,操作也简单。但事实上,它包含了若干个重要的时间管理法则,如我们需要有清晰的目标,对每件任务的重要性要把控好,做事情要专注。

> **温馨小提示**
>
> 这里我们介绍了4种比较流行和有效的时间管理方法,但时间管理的方法远不止这几种,如34枚金币时间管理方法、莫法特休息法、PDCA管理循环法等。因为时间管理的方法太多,这些方法各有其利弊,可以有选择性地去了解,所以这里就不做赘述。

以上就是一些经典的并且仍然流行于世的时间管理方法。既然有那么多时间管理方法,为何我们要选择番茄工作法呢?

了解了上述的时间管理方法后,我们来对它们的可行性和最终效果做一个比较。

时间管理方法的比较

时间管理方法	具体执行的可行性	执行时的复杂程度	实施效果
番茄工作法	高（有具体的计时器和清单可以量化）	比较简单（需要计时器和清单分几步完成，现在也可以简便地使用手机APP实现）	当掌握了正确的方法后，效果较好
GTD时间管理法	高（通过清单可以完成首要任务）	比较简单（不需要使用复杂的工具）	实施起来的效果因人而异
帕累托法则（80/20定律）	低（缺少具体的实施步骤）	简单（无须任何辅助工具）	效果一般，但可以融合其他方法一起使用
六点优先工作法	较高（对每日目标有相对清楚的了解）	简单（只需笔和纸即可实现）	实施起来缺乏对时间的掌控

从表格中可以看出，这几种方法各有利弊。那么，番茄工作法到底好在哪里呢？

第一，它可以量化。这对于时间管理的初学者来说是非常重要的一点。番茄工作法将具体的时间块转化为番茄时钟，并要求你在25分钟内专心完成任务。25分钟既不长也不短，但这样一来，你对完成每项任务所需的时间就有了清晰的记录和一定的把控，而且还可以检测自己在每段时间块的效率。

第二，它带给我们一定的仪式感。不管是设定番茄时钟，还是休息

5分钟，都是任务完成过程中的仪式。时间的记录提醒你自己正在工作，从而增加你完成任务的满足感和仪式感。

当然，番茄工作法还有实用性高、易于操作的优点。所以，学习时间管理，我们无须掌握每一种方法，用番茄工作法就能满足你的需求。

二、番茄工作法的前世今生你知道吗

现在，我们就来彻底了解番茄工作法的由来吧。

乍一听这个名字，也许你会纳闷，这种时间管理方法和"番茄"这种植物到底有何关系？

这一切都要回溯到1992年，一个叫弗朗西斯科·西里洛的年轻人在厨房发现了一个可以督促自己做事更有效率的神器——一个"番茄"计时器。在之前的几年时光里，他遭遇了和我们大多数人同样的痛苦：学习没有效率，注意力不能集中，总是无法按时完成任务，这让他备感失落和压抑。一天，他在厨房仍利用间隙思考自己如何才能提高效率、尽快完成任务，这时厨房角落里一个红色的、长相酷似番茄的计时器给他提供了灵感——这是一枚厨房计时器，自己为何不利用具体时间来监控自己，用时间来管理时间呢？

于是他将这种方法在实践中逐渐进行改进。从此以后，他学习和工作的效率都有了极大的提高，不用再为自己不能完成任务而日日受煎熬。很幸运的是，这种方法也渐渐传播开来，为越来越多人所使用。直到今天，番茄工作法仍是一种经典的、有效的、十分流行的时间管理方法。

番茄工作法能帮助你不再为时间的流逝而焦虑，而真正和时间成为朋友。按重要顺序简要列出你当天所需完成的任务，定下若干个"25分钟"的番茄时钟，并为每个25分钟留下5分钟的间隙作为休息时间，然后开始逐个完成任务。当时钟响起时便开始休息，即使这25分钟没有完成任务也没有关系。因为你已经充分利用了这个番茄时钟，这就是你的胜利。

第二节 五分钟"玩转"番茄工作法

对于任何时间管理方法只是知道它的原理是远远不够的,只有当你将其投入实践中,才能真正地掌握它。前面说过番茄工作法是简单易执行的,所以现在请你花费几分钟具体操作一下吧。

这里有一个公式供你参考:番茄工作法的本质 = 3 张清单("活动清单"+"今日计划"+记录表)+25 分钟。

一、设定一个番茄时钟

番茄工作法所需的基本工具有:一支笔、一个计时器(普通的计时器或手机闹钟、计算机软件都可以)、三张白纸或者横格纸(用来做三张表格,具体用法会在下文介绍)。当然现在有很多手机 APP 都可以轻松实现,无须纸和笔。

番茄工作法的具体实施过程被归纳为以下 4 个步骤。

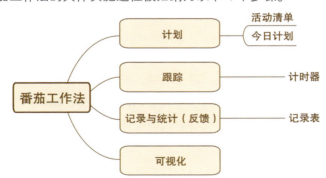

1. 计划

首先需要两张纸，一张命名为"活动清单"，另一张命名为"今日计划"。它们的作用分别是:"活动清单"用来列举近期你所有需要处理的任务，"今日计划"用来记录当天要完成的工作。将这些计划从"活动清单"中选取出来，并按照重要性和紧急程度排列。后文我们将对三张表中的这两张表进行具体说明。

2. 跟踪

确定计划后就可以开始执行了。将番茄时钟设定为 25 分钟并启动计时器（利用计时器或者手机 APP 都可以实现），从"今日计划"表中选择第一项任务。

计时器启动后，你只需全身心投入工作中，直到 25 分钟结束，不管你这项工作是否完成。之后休息 5 分钟，在休息过程中，要让自己处于完全放松的状态，不要处理跟工作相关的任何事情。例如，喝杯水、站起来活动一下等。不要做任何需要脑力劳动的事，也最好不要查看手机信息，避免休息时间超出 5 分钟。

在每 25 分钟的时间块内，你可以将这 25 分钟内被打断的次数记录在纸上。如果该项任务已完成，在"今日计划"表中，将此项做一个已完成的标志（打一个钩或画一个叉表示任务已经完成，下个时间段不用再继续此任务）。

休息 5 分钟后，开始进入下一个 25 分钟，以此类推。直到完成今日的工作计划。

3. 记录与统计

这里需要番茄工作法的第三张表格，再拿出一张纸将其命名为"记录表"，将当天"今日计划"表中的原始数据进行记录与统计。例如，在每 25 分钟的时间块内被打断的次数、今日已完成的任务等。之后可以从记录的原始数据中提取有用的信息。

4. 可视化

将"记录表"中的数据以某种形式呈现出来，以便从中观察和总结出需要改进的地方，也就是形成反馈并加以改良。例如，你可以把它做成一张曲线图，分析你在哪个阶段被打断的次数最多，然后要对此情况作出调整，以保证你获得最佳的工作状态。

由于在设定的这 25 分钟里，你能够高度集中地工作，你会发现你的工作效率比之前要高很多。这是因为之前你的工作状态是一个散乱的状态，低头看一下手机、中途查收一封邮件或者同事的一个问题，都能使你中断手里的工作，导致在注意力的转移中浪费了大量的时间。而且没有目标的工作，也会导致心态很焦躁，时间一分一秒地过去了，手里的工作却没有减少。番茄工作法就像是给你设置了一个指示的灯塔，为你指明方向。完成一个目标后才能得到 5 分钟的休息时间作为奖励，同时也给你内心造成一种紧迫感。

二、注意：一次只做一件事

在实际操作中，切记：一次只做一件事。也就是说，抛开那 25 分钟的番茄时钟和 5 分钟的休息时间，当完成了第一项任务后，才能去开启下一项任务，而不是同时或交叉完成多项任务。

为什么我们要强调这一点呢？因为一个人的精力和注意力都是有限的。而番茄工作法要求我们全身心投入其中，忘掉时间，即使有时间限制也没关系，因为并非要求你在一个番茄时钟内就必须完成一项工作。

如果我们总是把精力分散到许多的事情上，就不能做到将卓越的判断力、准确的逻辑推理能力、丰富的专业知识和工作中的具体细节联系起来。这样一来不仅会造成工作效率低下，还会增加错误的发生率，严重时甚至可能会因自己的疏忽大意而造成无可挽回的损失，最终将一事无成。

"一次只做一件事"是一剂解决我们工作效率低下、总是无法按时完成任务的良药，工作时配合番茄工作法会取得非常好的成效。"现代管理学之父"彼得·德鲁克曾在《哈佛商业评论》中说："我还没有碰到过哪位经理人可以同时处理两个以上的任务，并且仍然保持高效。"

一次只做一件事情有以下几点好处。

1. 获得专注力

当我们将全部精力集中到同一件事情上时，我们会更加专注，工作效率也会得以大大提高。专注力可以帮助我们防止拖延，并将其他无用的信息排除掉，在大脑里只保存我们所需的信息。这样就相当于给自己一个"当天可以将这件事完成"的潜意识信号。

2. 减轻压力

在工作中，我们常常会因为各种原因产生急躁的情绪，其中一个原因就是我们会一直想着自己还有很多工作没有完成。想要减轻这种压力，可以采取"一次只做一件事"的方法，每当完成了一项任务，我们就可以划去一项，随着任务的减少，我们会变得越来越轻松。在无压力的状态下，我们也将会产生更多的灵感，有更强大的创造力。

3. 增加仪式感

当我们在工作刚开始时，有时会遇到难以进入工作状态的情况，这时使用这种方法可以帮助我们更快地获得良好的工作状态。我们将会感到这是一种仪式的开始，我们应该开始工作了，而不是还在思考其他的事情。

三、抵抗时间黑洞的秘密——番茄时钟的一天

也许你还不清楚应该如何去操作，没关系，下面将以小张使用番茄工作法的一天为例，为你呈现应该怎样将番茄工作法融入我们的实际工作中。

小张是某公司的项目开发和管理人员，我们来看看他是如何使用番茄工作法的吧。

1. 计划阶段

下表为小张近期所需完成的工作任务，他将这些任务呈现在了"活动清单"上。

小张近期的活动清单

在整理好近期的"活动清单"后，小张拿出另一张纸，将其命名为"今日计划"，并从"活动清单"表中选出当天计划要完成的工作，记录在"今日计划"表中。

首先，对这项工作所需的时间进行一个预估；其次，挑选出准备在今日完成的三件事，分别是"给客户发邮件""与张经理联系，为项目进行衔接""准备好开会时所用的资料"，并且把"完成上月工作总结"这一项暂定为当天的待办事宜。如果完成其他几项后还有多余的工作时间，再完成此项计划。

按照事件的重要性和紧急程度，将选择好的任务填入下表内。

小张近期某天的今日计划

2. 跟踪

小张制订好"今日计划"工作表后，选择表格的第一项开始完成，也就是当天最重要的任务——"给客户发邮件"，并将时间设定为 25 分钟，这之后只需全心全意进入工作状态即可，当 25 分钟到时便会自动提醒。于是，小张就开始编辑需要给客户发送的邮件并一封一封地发送。

小张的第一个 25 分钟进行得很顺利，由于需要发送的邮件不是很多，并且这个任务不是很困难，还没有到时间，就已经完成了所有的邮件发送。

但时间没有到，计时器还未提醒，离小张休息的时间还有几分钟。于是小张选择继续翻看之前未处理的相关邮件，并做了简单的回复。很快 25 分钟结束了，他顺势拿出"今日计划"表，在刚完成的工作旁边画一个圈并在圈后面打上钩，表明他在一个番茄时钟内完成了此计划。

小张完成的第一个番茄时钟

这时到了第一个休息的 5 分钟，小张起身在办公室里绕了几圈，之后去倒了杯咖啡，路上跟同事寒暄了几句，再慢慢溜达回座位，5 分钟的休息时间已到，也让大脑得到了充分的休息。

接着继续设置下一个 25 分钟，因为会议即将在下午进行，所以小张选择了"准备好开会时所用的资料"这一任务准备开始进行第二个番茄时钟。

这时，同事差不多都进入了工作状态，大家都投入工作中。一位同事工作上遇到了一个棘手的问题，过来询问小张，小张简单地帮他处理后，继续完成番茄时钟。过后，老同学给小张发来了几条微信消息，小张没有选择立即查看，因为这个不是很紧急的事件。

很快 25 分钟到了，这项任务本来就需要花费较长时间，加之其中又有一次中断，没能在 25 分钟内完成。但根据规则，小张还是停了下来，并在"今日计划"中"准备好开会时所用的资料"这项任务后面画了一个圈,并在圈后面加一条斜线,表明这项任务已经花费了一个番茄时钟,其中被打断了一次。

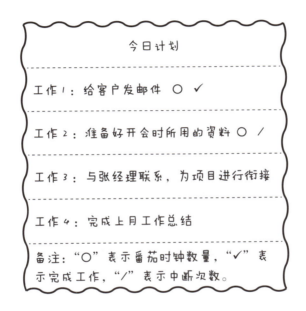

然后接着休息 5 分钟,在休息时间小张查看了老同学发来的信息,原来是约他当天吃晚饭。他在 5 分钟内回复了邀约,但除此之外没有多聊。

之后再开启下一个 25 分钟,在这个番茄时钟内,小张被客户的来电打断了一次,自己看了手机信息又打断了一次。

通过两个番茄时钟,小张完成了该项工作,于是他在完成的任务旁边又画了一个圈,并打上钩,后面又画了两条斜线,表明这项工作用了两个番茄时钟完成,其中被中断了三次。

小张完成的第三个番茄时钟

```
今日计划
工作1：给客户发邮件 ○ ✓
工作2：准备好开会时所用的资料 ○ / ○ ✓ / /
工作3：与张经理联系，为项目进行衔接
工作4：完成上月工作总结
备注："○"表示番茄时钟数量，"✓"表示完成工作，"/"表示中断次数。
```

以此类推，用同样的方法，小张在接下来的时间里完成了他的"今日计划"中要完成的任务，并在表中做了标记。

今日计划完成表

```
今日计划
工作1：给客户发邮件 ○ ✓
工作2：准备好开会时所用的资料 ○ / ○ ✓ / /
工作3：与张经理联系，为项目进行衔接 ○ / / ○ / ○ ✓
工作4：完成上月工作总结 ○ ○ / ○ / ✓
备注："○"表示番茄时钟数量，"✓"表示完成工作，"/"表示中断次数。
```

3. 记录与统计阶段

下班回家后，小张又拿出一张纸，将其命名为"记录表"，这张表是用来对当天的原始数据进行记录与统计的，并在当天可以避免的一些中断处做出批注、做好总结，以便下次能更好地处理不必要的中断，提高规定时间内的工作效率。记录表可以重复使用，一张表可以用很多天。

小张的记录表

时间：

编号	使用番茄时钟个数	中断次数
工作1	1	0
工作2	2	3
工作3	3	3
工作4	3	2
总计	9	8

4. 可视化阶段

最后将记录转化为图表，这样可以直观地看到使用番茄工作法的效果。

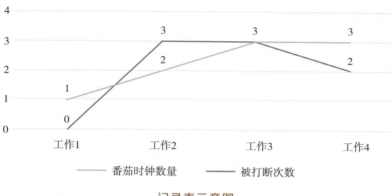

记录表示意图

第三节 "活动清单"与"今日计划"

要真正掌握番茄工作法,第一步就需要我们制订计划。这就不得不提到番茄工作法的两张清单——"活动清单"与"今日计划"。这两张清单为整个番茄工作法的进程和最终的实现奠定了基础。

一、什么样的目标更适合你——学会制作属于自己的"活动清单"

"活动清单"是进行番茄工作法的第一张清单,它包含了近期我们的所有目标和计划。番茄工作法只是一种方法和形式,要真正使它起作用,还需要回归到实际的内容上去。我们不可能随意抓起一件任务就用番茄工作法来完成,那样只会事倍功半,根本达不到我们预期的效果。"活动清单"的意义在于,当你列举出一项活动,等于你决定暂时放弃做其他自己能够做或需要做的活动。这也表明只是想做无数个活动是不够的,你要开始真正迈出"活动的一小步"。

1. 如何制作"活动清单"

（1）"活动清单"考虑更多的是你的目标

在完成"活动清单"时，想一想你近期的目标，这些目标最好是几天或者一两周就可以完成的。你可以将这些目标分为工作类、学习类和生活类，这样你才能够更清晰地将它们放置在合适的时间里来完成。

（2）有了目标之后便需要把他们转化成活动并记录下来，无论是否重要

不必考虑重要性和优先级，也不必写出具体做法，可以写出活动时完成的状态。例如，在工作方面，完成本月的财务报表、顺利出差、和周经理开会、成功卖出五件新产品；在生活方面，整理客厅、给父母选购礼物等。

（3）言简意赅

不要长篇大论或是刻意缩写成一个形式，也不必考虑他人是否能够看得懂，只要自己能够正确理解即可，当天记下的，一段时间后自己仍然明白这是什么。

（4）在列举"活动清单"时，我们也可以为一些任务加上截止日期。一些是我们已经知道应该要在什么时间完成的事件，另一些是我们期望这些事情能够做完的最后期限。

例如：

完成本周工作总结，星期五，12:00；

和老王联系，今日，15:00；

到书店购买新书，周日，10:00；

……

2. 可以列入清单里的活动

（1）能够使用番茄时钟来做的事情。有一些和工作学习无关的小事

或应该放置到休息时间进行的事就不需要列入清单里了。只用一两分钟就可以完成的不重要的工作安排也可以排除。

（2）需要集中注意力的事情。番茄工作法的一大功能就是能使我们集中注意力。很多的日常工作都需要专注才能发挥我们的创造力和能动性。

（3）已经设定好截止日期的事情。这类任务通常都比较重要而且不是一时半会儿就能完成的，它们需要我们投入很多的时间和精力。很多人因为有拖延症临近截止日期才开始着手完成任务，但那时往往已经来不及了。

（4）可以分解为多个步骤的长期计划。长期计划往往会使很多人头疼，因为不可能在短时间内完成并获得回报，没有耐心的人很容易就会放弃。但是如果我们将之分解成若干步骤来完成，就会容易得多。

下表是从事财务工作的小李一周的工作"活动清单"。

活动清单　　　　　　　　时间：

工作 1	审核财务报表
工作 2	上交公司各项报表
工作 3	整理单据
工作 4	和同事对接
工作 5	外出去税务局
工作 6	给赵经理打电话
工作 7	核对、检查单据凭证
工作 8	完成本周工作计划

你也来动手制作一个属于你的"活动清单"吧。

二、"今日计划"表应该如何操作

"今日计划"表虽然是从"活动清单"中选取出来的,但它和"活动清单"的存在并不矛盾。

1. 内容上

"活动清单"的内容更多,包含了近期所有的任务但没有条理,而"今日计划"只选择当天能够完成的适量的内容,做完这些内容不会有太大的压力。此外,"今日计划"中的任务是按照其重要性和紧急性来排列的。

2. 作用上

"活动清单"比较随意,更加宏观,想到什么就简要地记录下来,作用就是提醒自己,也可在使用中不断添加。"今日计划"则更加微观,其作用在番茄工作法的使用中能够更加直观地体现出来。

"今日计划"也同样只需一支笔和一张纸即可完成。首先看看已经列好的待办清单是否还有遗漏,之后就可以选择当天准备完成的任务并将之按顺序抄写到新的"今日计划"上。不过要注意的是,选择的任务要合理,不要太多也不要太少,而且要先选择紧急且重要的事。"今日计划"表中的任务实际上是你对自己今日的承诺,是你相信自己可以完成的目标。

下表是从事图书编辑工作的小白的"今日计划"表。

小白的今日计划表

今日计划
工作1:为新书联系合适的作者
工作2:准备好选题策划会议所用的资料
工作3:给作者甲发送邮件
工作4:新书调研
备注:"○"表示番茄时钟数量,"✓"表示完成工作,"/"表示中断次数。

现在动手完成你的"今日计划"吧。

```
┌─────────────────────────────────────┐
│            今日计划                  │
│ 工作 1：                             │
│ 工作 2：                             │
│ 工作 3：                             │
│ 工作 4：                             │
│ 备注："○"表示番茄时钟数量，"√"表示完成工作，"/"表 │
│ 示中断次数。                          │
└─────────────────────────────────────┘
```

三、用两张清单进行直接反馈

怎么样才能在番茄工作法中使清单适合你呢？也许你会产生这样的疑问。要想让清单适合自己不是能一步到位的，需要我们在实际操作中慢慢加以改善。我们需要从平时的清单中提取信息，形成直接反馈，方能把握住要点。

1. 对活动清单可以进行补充和改进

在日常生活中，我们常常会遇到很多猝不及防的事，因而不可能每时每刻都按照自己的规划行事。因此，在制作"活动清单"时我们要使其更灵活，该改进时绝不要偷懒或者逃避。

2. 对自己的工作计划要有预期

每天关注"今日计划"中的任务是否能够完成，来收集自己每日能够完成的工作量，为自己以后能够更合理地制订计划打下基础。当然，我们也可以把"今日计划"分为"一定要做完"和"待定计划"两部分，这样对自己的工作计划就有了一个预期。

第四章

中断：遇到瓶颈怎么办

成功跨过一个瓶颈

当然，人生的道路不会总是一帆风顺的。在使用番茄工作法的过程中，难免会遇到一些问题，而其中最大的问题就是——中断。

中断为什么可怕？因为有时候我们一停止脚步就会产生惰性，本来只想休息一会儿，结果却流失了大量光阴。但我们可以依靠自身和外部的力量来解决这一问题，从而在运用番茄工作法时更加顺利。

本章将探究"为什么我们总是会中断"以及提供一些对抗"中断"的实用方法。

带着以下疑问阅读本章

- 是什么转移了我们的注意力
- 中断会给番茄工作法带来什么危害
- 你也有拖延症吗
- 如何克服拖延症
- 如何提高完成番茄工作法的执行力

读完本章，你能收获什么

- 内部中断和外部中断的含义和内容
- 拖延症的特点和由来
- 克服拖延症的方法
- 提高执行力及对抗中断的技巧和方法

第一节　注意力缺失症候群

注意力缺失症的主要症状是非常容易分心、冲动，静不下心来，当今社会受这种症状折磨的人越来越多了。先来看看你是否属于这一群体吧。

小测试

1. 常常忽视很多小细节，导致在工作上或是其他的活动中总是会粗心犯错　☐

2. 很难较长时间持续做一件事　☐

3. 和他人对话时，有时候会走神　☐

4. 常常很难依照指示完成事情，导致工作任务无法按时完成的情况较多　☐

5. 经常感觉难以完成组织性的工作或规划活动　☐

6. 经常逃避或厌恶需要花费心思的活动或工作　☐

7. 常常忘记一些工作或者其他活动需要携带的物品，或是经常丢失物品　☐

8. 很容易被干扰　☐

9. 常常忘记每天计划要做的事情　☐

你符合的条目数

看到以上几点，你是否感觉已经"中枪"了呢？如果你满足以上大

> 多数条目的描述，那么你就要考虑如何解决这一问题了，否则会让你的工作效率越来越低下。在使用番茄工作法工作时，我们也会遇到中断的现象，它可能会对你的实践造成阻碍，但不要惧怕它，反而要接受它，进而改善它。

一、内部中断与外部中断

有研究表明，我们在工作时，大概每3分钟就可能会被大大小小的事情打断一次。这也是工作中的一种"行动转换"，例如你正在写报告，一位同事忽然来请教你一个棘手的问题，帮助他解决完问题后你回到座位上，刚动笔3分钟领导又通知你去办公室讨论问题……

每次中断都很可能使存在你大脑内的原始数据丢失，导致你浪费大量时间在重复回忆起这些内容上，甚至可能会使你这部分一闪而过的灵感永远消逝。而在使用番茄工作法的过程中，中断也是常有的事，这一点你无法改变。

即使只在一个番茄时钟内，仍然会被打断。因此，我们需要用平常心去看待它、接受它，并积极地寻找方法去减少它发生的次数。

番茄工作法中的中断主要有两种，即"内部中断"和"外部中断"。我们可以分别从这两种中断入手，来解决这一问题。

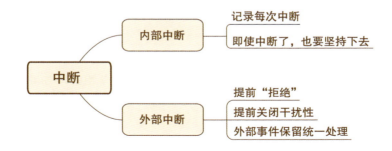

1. 内部中断

内部中断主要是由自己造成的，是自己的心智主动地要去做其他的事，从而转移注意力。

例如，当你在用番茄工作法工作时，工作做到一半你突然想起昨天朋友给你发的微信消息你还没回复，于是拿出手机打开微信和朋友聊了几句；继续工作了几分钟你又感觉自己渴了，于是又去茶水室泡了一杯咖啡，路上还和同事闲聊了几句；然后又想起快中午了当天吃外卖吧，于是拿起手机开始浏览外卖网站……

这些都是在自身的意志力不够坚定时大脑给你做其他事的信号所造成的中断。或许是因为你认为手上正在完成的任务太困难或过于复杂，不想花精力和时间去完成；或者是受到外部的压力，产生了恐惧，担心完成不好工作，受到领导的指责。以上原因让你选择了去完成其他简单的事来作为逃避的借口。

2. 外部中断

外部中断的主要原因在于外部环境对我们造成的干扰。

例如，当你启动番茄时钟后，有一位同事突然过来向你借剪刀，你不得不在凌乱的抽屉里替他寻找剪刀，这使你不得不重新设定番茄时钟（因为刚按下按钮，还未正式开始）；一会儿接到一位老客户的电话，在询问完工作上的事情后，他又和你聊了一些与工作无关的话题；刚放下电话不久领导又通知全体职员到办公室开会……

因此，不管意志如何坚定的人都会面临任务被中断的风险。我们作为公司团队的一员或者社会中的个体，不能简单粗暴地对待这些"打扰"，这可能会造成你人际关系的恶化，或是落得"不注重团体协作"的坏名声。

二、如何保护番茄时钟

知道了常常中断的原因,就可以进入"保护番茄时钟大作战"了,我们要采用一些方法减少中断的次数。

还记得番茄工作法的三张清单吗?实际上,它们的一大作用就是记录、反馈、改善中断。

在"今日计划"中我们将记录下所有的中断,以便我们更好地了解自己的专注情况,不过注意不要浪费大量时间在记录表上。

在可视化的表格中我们可以清楚地看见每个番茄时钟中断的次数,这时我们也可以为这张表格增加一张附录,这张附录的功用就是简要记下每次中断是内部中断还是外部中断,以及中断的具体原因。

下表是小张某一天的中断表。

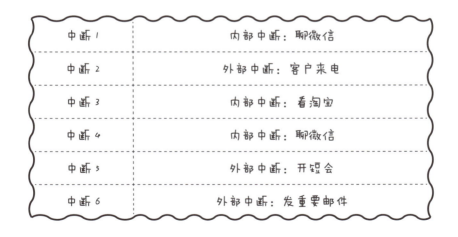

从表中可以看出,小张的注意力还不够集中,出现了多次内部中断,而外部中断的问题也需要寻找方法来解决。

记录下中断后我们就可以对症下药了,如果你经常是因为内部原因而中断,那么你就应该提升自己的专注力和执行力。

1. 抵抗内部中断的技巧

(1)当你想停下手里的工作去做其他工作时,把你想做的事记录在"今日计划"表上,等 25 分钟的番茄时钟结束后再马上完成或安排在后一个番茄时钟内(如果需要花费较多时间)。实际上,当你去记录时已经产生了一次中断,因此你需要在"今日计划"表中加上斜线作为一次中断的记录。

(2)如果你想休息、去喝杯水、看手机、浏览社交网站,则可以提醒自己番茄时钟即将结束,尽可能将这些事放在休息时间去做。不过如果实在忍不住中断了也没关系,同样将它们作为一次中断记录在表格中,而不要过分责怪自己,甚至是轻易放弃这个番茄时钟。

2. 解决外部中断的方法

解决外部中断和解决内部中断的做法相类似,也是重在记录,但二者仍然有一些不同。

(1)当有人用不重要的事打扰你时,你可以委婉地回绝他"请等一等,我正在进行番茄工作法",或是说"十几分钟后我再去找你吧"。

(2)在开始番茄时钟前,最好将电话静音,将电子邮件、QQ、微信等关闭,可以消除一些干扰。

(3)如果有电话打来,不是非常紧急的来电,可在休息时间或安排专门的时间一起处理。

第二节　别让拖延症毁了你

拖延症可以说是一种现代顽疾，不分年龄、不分职业，广泛地在当今社会各个群体中蔓延开来，一直困扰和折磨着我们。它使我们的工作效率越来越低下，导致我们失去了灵活力和执行力，情绪也越来越浮躁不安。我们总想摆脱这种让人讨厌和焦虑的常见"病"，却总是无疾而终。总之，千万别让它成了一种"不治之症"，毁了你的一生。

在实施番茄工作法时，拖延症可谓是一大让人头痛的"毒瘤"，所以我们必须正确认识它、改善它，才能使番茄工作法起到它应有的作用。

一、拖延症到底有多可怕

1. 拖延症的分类

要了解拖延症有多可怕，首先需要知道拖延症分为哪几类。

（1）"消极的拖延"，也就是我们常见的习惯性拖延问题，它是最常见、危害性最大的拖延。它表现为接到工作任务后，不愿意开始行动，一拖再拖，总是到了截止日期或紧急时刻才开始行动，而那时已经来不及了。

例如，三天之内需要完成的方案非要等到最后一天才开始构思和动笔；一周之前安排的论文非要等到最后一天熬通宵来写，把压力都集聚在任务截止日期前的那一段时间。一般人很难在短时间的高压之下还能高质量地完成复杂的工作任务和学术报告，最后的结果可想而知。

（2）"积极的拖延"，或者说是"有序的拖延"。这种拖延并不是真正的拖延，而是一种有计划、有步骤、有策略的解决思路，它和上一种拖延完全不同，我们应该加以区分。

"积极的拖延"是一种高效解决复杂工作任务的方法。在复杂的工作任务中，你必须先要经过大脑系统性和结构化的思考，分解工作任务和掌握好工作节奏，这样你才能有条理、有节奏地推进工作，保质保量完成工作。有时候一接到工作任务就开始盲目行动，并没有经过系统性思考和计划，反倒不能取得预期的效果。

面对工作任务，你不能贸然就开始行动，而要进行有序的任务分解，带着问题去思考。在未经思考前不随意行动的拖延并不是真正的拖延，而是有计划性、有策略性的行动。这种"有序的拖延"不仅不会造成真正的拖延问题，还会更高效、更高质地解决问题。

（3）还有一种拖延也是我们需要了解的，它被称为"没有结果的拖延"，也称为"哈姆雷特综合征"，这种拖延更加值得警惕。"哈姆雷特综合征"这一名称源于戏剧文豪莎士比亚笔下的代表人物——哈姆雷特。他就是这样一个纠结的拖延者，在报仇时是选择杀还是不杀，内心充满了矛盾，导致他既不想放弃行动，又缺乏行动的决心。

在我们生活中，也存在大量这样的纠结性拖延。例如，小张打算换工作，可是他又迟迟下不了决心，一直拖延着。一方面没有辞职的决心；另一方面又觉得自己不会长久地继续在现在的岗位上拼搏，平时完成任务时心不在焉，也没有取得任何成果。但他心里又觉得自己总有一天会换工作的。

实际上，这种拖延根本不能解决你的焦虑问题，或者你也根本不想解决自己的焦虑问题。真正的问题是在于选择"活着"或者"死去"，而不是在于纠结，选择纠结就永远解决不了问题。这种"哈姆雷特综合征"，需要我们经常反思和警惕。

2. 拖延症的危害

第一种拖延症是最常见的，也是我们在实施番茄工作法的过程中，需要解决和可以解决的问题。它的重大危害表现在以下几个方面。

（1）无精打采，心存愧疚。当你发现自己度过了一天却没有任何工作进展时，想必你的心情也不会很好，一时的欢愉换不来永久的安逸。

你会产生一种空虚感或徒劳感，而不会是满足感和充实感。

（2）出现焦虑，易于愤怒。因为拖延导致工作和学习的不突出，便逐渐开始否定自己、贬低自己，从而产生焦虑，容易愤怒。

（3）怀疑自己，丧失信心。由于每一次的拖延，当长期不能按时完成某项工作的时候，你会觉得自己能力不足或自身存在缺陷，甚至也会对自我心理造成影响，从而丧失基本的自信心，怀疑自己的人生。

（4）无法实现自己的想法。因为你的拖延，会让自己的事情无法按照自己的意愿去完成，任务总是被拖延，从而形成一种恶性循环。当你选择拖延第一件事时，就会拖延之后的每件事的完成时间。

（5）变得自我。拖延症实际上是有选择性的，你不会对所有的事情都拖延，而是只对自己不喜欢的、不想去做的事情拖延。千万不要认为自己只去做自己喜欢的事情是对的。实际上，一个有担当、有责任的人，还是应该做自己必须要做的事情，只有做好了必要的事情，才能更好地去做自己喜欢的事情。

> **温馨小提示**
>
> 拖延症与人们的一种侥幸心理习惯有密切关系。面对生活与工作中的麻烦和问题，人们往往会想，拖延一下，也许麻烦和问题会消失。事实上，麻烦和问题不会因为人们回避它而消失，反而会变得更严重，最后形成恶性循环。

二、你也是拖延症重度患者吗

患有拖延症的人，不是偶尔表现出拖延行为，而是习惯性地在大事小事上存在拖延现象。因为已经形成了习惯，想要改变就变得很困难了。很多人都希望改变这种习惯，却没能成功，因为这种习惯已在人们的潜意识中根深蒂固了。

例如,你要写一篇报告,已经给了明确的要点,时间限制是一周,但你会发现,过了一上午仍然没有动笔。因为你在想你要怎么写,于是想了一个小时,想了两个小时,最后第三个小时也过去了,到了吃午餐的时间了大脑仍是空白一片。于是你就对自己说:"没关系还早,我可以慢慢来。"可是下午依然没有头绪。

我们或多或少都会有这样的经历,可如果你经常不能按时完成任务,将所有工作都堆积到截止日期的前一两天来完成,那么你就必须注意了,因为你的拖延症可能已经非常严重了。

并且,仔细观察你会发现:有拖延症的人,他们的注意力都是特别分散的,而且做事相比别人会慢很多。他们工作的时候非常容易被别的事情所打扰,经常是手头上的工作做一半又去忙其他的。

下面通过一个"Q&A 测试"来检测一下。

小测试:你总是这样做吗?是者在"□"内画"√"

- 总是在做本该前几天就完成了的工作　□
- 直到任务快到最后期限了,才开始着手行动　□
- 即便是那些只需要静心坐下来就能完成的简单工作,也不想立马开始　□
- 准备外出的时候,不到最后一刻,很少做好准备　□
- 每次任务不能完成时就会一再地对自己说:明天我就会把这些事情做完的　□

你能做到下面几点吗?能者在"□"内画"√"

- 及时回复电子邮件和电话　□

| 通常早上到了起床的时间，都会立刻起床 □

| 不管图书馆借的书有没有到期，只要看完了就会马上归还 □

| 经常能够提前完成任务 □

| 当面对一大堆工作时，我总会先分清主次，从重要的开始着手做 □

| 我总是把所有的事情都处理好后才去放松或者休息 □

> **温馨小提示**
>
> "你总是这样做吗？"栏里打钩的较多，"你能做到下面几点吗"栏里打钩的较少，你就应该警惕了：你很可能有严重的拖延症！那么你应该认真阅读下一小节，对拖延症说：NO！

三、管理自己，对拖延症说：NO

克服拖延症的一大秘诀就是：把复杂的工作任务进行分解，让压力分摊在每个时间节点上，改掉拖延的习惯，提前行动起来。而这正是番茄工作法能够带给我们的。

消极的拖延并不能解决问题，拖延只是暂时地逃避问题，等到无处可逃的时候，只会带来不得不面对和解决问题的更大焦虑和压力。这种状态下不仅对解决问题没有益处，还会让身心备受煎熬，倒不如一开始就勇敢地跳出自己的舒适区，早早行动起来，顽强抵抗这种消极的拖延，你会发现再复杂的工作也没有那么难。从你开始行动的那一刻起，你就会对自己越来越有信心。正视工作和学习的困难，并勇敢地面对它、与它愉快地相处，是改掉消极拖延习惯的正确方法。我们可以把一个长期

的任务分解成几个具体的小任务，然后把它们放进番茄工作法的待办清单中，这样解决起来就没有那么大压力了。

小丽这周五本该构思并完成公司下个月的活动方案，但她拖延到周末加班才完成了一小部分。她这周的主要工作情况如下。

周一：外出调研，收集资料。

周二：没有立刻开始完成任务，而去处理客户的电话和邮件。

周三：依然没有开始活动方案的计划与写作。

周四：开始整理资料，但效率不高，仍然没有动笔。

周五：到了截止日期终于动笔，但很显然没有完成。

周六：在痛苦中开始加班，但仍然心不在焉。

周日：继续加班生涯，并暗自悔恨。

那么如果她没有拖延时间又会是如何呢？

周一：外出调研，收集资料；回到公司后立刻抽出一点时间将资料进行简单整理。

周二：留出上午的时间来专心进行构思，而将其他事务放在下午去处理。

周三：虽然构思的想法还不全面，但是先动笔写作，边写边想。

周四：用固定时间完成一半。

周五：最终完成。

周六、周日：按时休息，不用加班。

你是愿意一直备受压力煎熬，失去自己的休息时间，但仍然不能高质量完成工作；还是愿意在规定时间内完成工作，不用为了没有完成工作而担心、忧虑、愧疚，能不用加班有个完美的属于自己的周末呢？

相信你会选择后者，那么你需要的就是将任务分解好，并将它放入每日的计划中去，然后用番茄工作法完成。

第三节　番茄工作法需要执行力

番茄工作法并没有想象中这么简单，还需要我们无数次投入精力去实践，用真正的行动去学会把握自己的时间。

所以，当你刚开始不能适应番茄工作法时也不要烦闷惊慌，多试几次你会发现你的执行力得到了大大提高，做事得心应手了。

一、没有行动，你仍然会一事无成

在日常工作中，我们经常可以听到"执行力"一词，它对于个人而言，是指我们完成工作的实际能力，即我们是否能高质量地将抽象的想法变成具体的成果。

执行力也被称为行动力。它是指有效利用资源、保质保量达成目标的能力，是贯彻战略意图、完成预定目标的操作能力。它包含完成任务的意愿、完成任务的能力、完成任务的程度。

它对于我们的工作和生活都非常重要。有时我们能有很好的想法和计划，或是口头上承诺得很好，却缺乏执行力，以致愿望不能付诸实践。

番茄工作法设计得再完美，"活动清单"和"今日计划"列举得再详细，若我们没有及时去执行，也并不能改变我们对时间的滥用。

在实施番茄工作法的过程中，执行力就是从列好清单到你无数次按下番茄时钟那无形的瞬间，你真正用意志力去将自己的想法付诸实践的过程。如果不希望自己的想法只是想法，每日庸庸碌碌而过，就必须要有执行力，否则，只会一事无成。

二、学会坚持，完成番茄时钟

以下有八个提高行动力的小方法，可以帮助你坚持下去，完成番茄

时钟，轻松管理自己的时间。

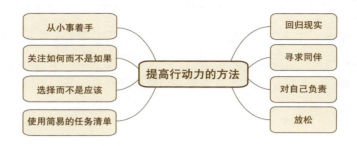

1. 回归现实

回归现实可以帮助你走出过多思考的状态，放手去干任何你想做的事情。正视现实能够让你处在一个不抵触工作的状态中。在这种状态下工作，你执行起来更加顺畅，工作更加专注，自身更加轻松。你可以通过一两分钟的冥想和深呼吸来调节自己。

2. 寻求同伴

这是一种督促你坚持的有效方法，也能帮助更多的同伴共同提高执行力，一箭双雕。例如，你想锻炼身体，当你意志力脆弱的时候，你可以约一个朋友一起去健身房锻炼并相互鼓励。如果你们当中的一方不想坚持的时候，另一方的鼓励和热情则可以有效地帮助对方养成一个好习惯。

虽然这个方法富有成效，但是可能会让你自身产生压力。比起完成自己的目标，更像是在为别人而做，压力也会随之上升，所以要注意调节自己的情绪，强调这是自己在坚持。

3. 对自己负责

从长远来看，提高执行力的更持续更健康的原则是自己对自己负责，而不是一味谋求他人的帮助，毕竟没有人能时刻监督着你，除了你自己。你要对自己的行为，制订自己的标准和原则。

现在要面临的问题就变成了你很容易自我欺骗，当你不采取行动履行自己的原则和目标的时候，很可能会为自己找借口使其合理化，减少自己的负罪感。如果没有他人监督这样的社会压力，人们就会很容易陷入懒惰和拖延的状态。但是随着时间的推移，你会越来越能够持续按照自己的标准行事，不被他人对你的期望所限制。这些标准是你从内心深处认可的而不用随他人或外界环境的变化而变化。

所以，自我鼓励和他人监督应当相配合使用，自己对自己负主要责任，他人起辅助作用。这样一来，既可以按时完成任务，也可以帮助你提高自我认同感，促进自我成长。

4. 放松

一旦你处于过于紧张的状态就根本无法完成任务，所以要学会适当的放松。极为严肃认真地看待你面对的所有任务，会降低你的执行力。因为你会因此感到疲惫、恐惧、困难重重。如果你有一个良好的心态，意识到所有的问题和负面情绪只是你自己想出来的，任务就会变得简单。

5. 使用简易的任务清单

当我们制作番茄工作法的任务清单时，千万不要长篇大论，应该简明扼要。而有的人在写任务清单的时候往往过于热情，写上很多详细的内容，还自鸣得意。然而，当他们准备开始执行时看着这长长的任务清单，必然会感到精力有限进而开始拖延。

想想"活动清单"上哪些事是特别重要的，挑选几项最重要、最紧急的写在"今日计划"上，这个清单就不会那么难了，而且更容易采取行动，完成清单上的任务。

6. 选择而不是应该

这是一个简单而实用的小方法。你不需要做任何实质性的东西，只在选

择做哪些事情及思考问题时用"选择"而不用"应该""必须"之类的词语。这些太过强硬的词语会让你感到自己被强迫。当你觉得你所做的事情都是你的选择的时候，你会更乐意去证明自己，而不会产生逆反心理。

7. 关注如何而不是如果

总是考虑"如果"会让你的头脑混乱。在执行之前适当幻想成功之后的美好画面的确会对我们做这件事有一定好处，但是长期沉溺于此只会让你走不出虚幻。因此，与其在"如果"中迷失自己，不如关注"如何"。这就意味着你需要关注你如何做某事，你如何解决一个问题或如何达到一个目标。

8. 从小事着手

要从一种坐在椅子上无所事事的状态转变到一种不断做事情的状态，从小事着手很重要。毕竟我们不是万能的，任务对于我们来说是有难易之分的。

如果从最繁重、最艰难的工作开始着手，我们就很容易止步不前，陷入拖延状态了。因此，我们可以选择先去做那些比较紧急的小事，或是困难任务中比较简单的一部分。

三、给自己一些小"甜头"，使你走得更远

在学会了番茄工作法后，我们可以每天使用它来轻松管理自己的时间。在完成一个阶段目标或者取得某些成果的时候，适当的自我奖励可以激励自己更好地完成目标，使自己走得更远，更重要的是可以给自己一个继续奋斗的好心情。

最典型的是在番茄工作法中除了 5 分钟的例行休息时间外，在几个番茄时钟后，我们还会给自己更多的休息时间来调节自己。因此，我们

可以设置一个奖励：认真完成了 4 个或 5 个番茄时钟后，就奖励自己休息 40 分钟，可以小憩一会儿或是看看短视频。

这样一来，既增加了我们完成任务的愉悦感和满足感，也增加了自己的动力和信心，暗示自己可以做到专心工作，也给自己身体上和脑力上以缓和的时间。

还有一种是可以给自己实物奖励，这种奖励更加具体。如果是持续的目标，可以奖励给自己一件更有利于完成目标的礼物。例如，用番茄工作法完成了某项艰巨的工作后，可以奖励自己去吃一顿大餐，或是给自己买一件心仪的衣服。这种犒劳会激发自己的行动力，想想自己可以获得什么，可能就不会一直拖延了。

我们也可以把奖励简单写在清单上，每当不能坚持时可以看一眼，这样可以增加自己的心理暗示。

温馨小提示

在给自己奖励的过程中，我们还需要注意以下两点。

（1）奖励的内容不能背离我们的目标。给自己奖励，不是给自己放纵的理由，更不能与完成的目标相违背。例如，当天认真完成了所有的番茄时钟，那么明天就不用完成了，这肯定是错误的。我们可以奖励一定的休息时间，但前提是要保证不能耽误之后的任务。

（2）不要把不良习惯当作奖励。例如，当天的全部计划已经完成了，很想看电影，于是奖励自己熬夜看电影，这也是错误的。熬夜之后会对第二天的工作造成影响，不利于日后的发展。这样即使完成了目标，也容易染上新的恶习。

四、让他人来激励自己

如果你总是无法坚定自己的信念,老是给自己找借口逃避,自我谅解。那么有一种可行的方法是:通过告知朋友、家人来寻求外界鼓励。

你将自己想要完成的目标告知他们,请求他们帮你记录下来。这样一来,他们可能会留心你是否在完成这件事,并询问你:"你做得怎么样了?完成了多少?"你可能会支支吾吾,因为还未开始做而感到羞愧,或者自豪地告诉他们你马上就要完成了。

通过他人来激励自己是一种很常见的方法,这不仅是一种鼓励,更多的是请求他们的监督。此外,你还可以给自己设置一点惩罚措施,如你给自己设定一周的"活动清单",周末父母来检查这一周你是否完成了任务,如果没有,你就请他们去餐厅吃一顿大餐。

所以,在你开始实施番茄工作法前,不妨告诉家人或最好的同事:"我最近学到了一种新的时间管理方法,是有名的番茄工作法,我打算将它运用到我的工作和日常生活中去,我想请你监督我。"而他们时不时地询问和赞许,将成为你最好的激励。

回顾测试 番茄工作法，你真的懂了吗

一、选择题

1. 下列方法不是通用的时间管理方法的是（　）。

A. GTD 管理法

B. 六点优先工作法

C. 费曼技巧学习法

D. 帕累托法则

2. 下列运用番茄工作法的第二个环节的是（　）。

A. 跟踪

B. 计划

C. 可视化

D. 记录与统计

二、简答题

1. "一次只做一件事"的好处是什么？

2. 如何保护番茄时钟？

3. 如何提高执行力？

答　案：

一、选择题

1.C　2.A

二、简答题

1. 获得专注力；减轻压力；增加仪式感。

2. 在"今日计划"表中记录中断次数；将其他事情尽可能放在休息时间去做；当有人用不重要的事打扰你时，你可以委婉地回绝他；将电话调至静音，将QQ、微信等关闭；可在休息时间或是安排专门的时间集中处理不重要的来电。

3. 回归现实；寻求同伴；对自己负责；放松；使用简易的任务清单；选择而不是应该；关注如何而不是如果；从小事着手。

第三篇

精进篇

当你开始使用番茄工作法后,你会发现,总有地方不尽如人意。这是因为你在使用过程中还存在一定的误区。本篇将帮助你进一步解决这些问题,让你的使用体验和效果更好,能真正将番茄工作法的力量发挥到最大。

第五章
如何确立自己的目标

古罗马哲学家小塞涅卡有这样一句名言："有人活着没有任何目标，他们在世间行走，就像河中的一棵小草，他们不是行走，而是随波逐流。"没有目标的人就如同海上的一叶孤帆，随波漂荡，永远不知自己该去往何处。这部分人大多数时间都不知自己该做什么，没有动力和热情，也就没有什么成就。

要使番茄工作法更有成效，我们就必须确立正确的目标，这是番茄工作法的前提。

带着以下疑问阅读本章

- 你近期有哪些目标
- 你的目标是否合理
- 有哪些可以帮助你制订目标的方法

读完本章，你能收获什么

- 好的目标有哪些特点
- 学会制作梦想清单
- 学会制作适合番茄工作法的目标

资源下载码：181010

第一节 好的目标,让你不再"茫盲忙"

经常有人感到很疑惑:虽然我一直在向前进,甚至忙碌地生活,但是为什么感觉不到一点充实,只会觉得身体疲惫不堪和内心迷茫失落。

那是因为他们处在"瞎忙"的阶段,对自己的了解不够彻底,对目标缺少正确的规划,都会导致这样的情况发生。目标太多无从下手,或是目标天马行空难以实现,这都会影响我们之后的实际行动。

目标有多重要我们都知道,在运用番茄时钟前我们需要制订适合自己的目标,才能使我们的计划按照正确的方向行进。

一、你的目标是否真的合理

没有目标是一件很可怕的事,但同样,如果目标不正确、不适合自己,也不能起到激励作用。

我们不能光顾着走路,更要注意脚下这条道路是不是正确的,路上是否有陷阱。有时走得太远,直到前方一片荒芜,一回头才发现自己走错了路。

哈佛大学做过一个关于目标对于人生影响的调查,对象是一群智力、能力、所处环境都差不多的人。结果发现:27%的人没有目标,60%的人目标是模糊的,10%的人目标较清晰却是短期的,只有3%的人能够为自己确定长期的清晰的目标。

目标到底有多重要?哈佛大学的研究员们为此投入了巨大的精力,并进行了25年的跟踪。25年后,调查结果显示:3%有长期清晰目标的人几乎都未更改过目标,他们朝着目标不断努力,成了社会各界的优秀人士;10%有着短期目标的人,他们的多个短期目标正在慢慢达成,也在一步步实现自己的目标,生活状态呈逐步上升趋势;60%目标很模糊的人过着庸庸碌碌的生活,没有什么成就,生活也不如自己的预期;而那些当初没有目标的人，大多生活不如意，仍然在生存线上挣扎。目标对我们人生具有巨大的向导性，在平时的工作和生活中，也是我们成功完成每件事的基础。

1. 如何管理自己的目标

一般来说，目标是个人、部门或者组织所期望的成果。管理自己的目标，也是我们进行个人管理的一个重要环节。

首先我们需要知道的是，每个人都会有很多欲望，但那都还不是我们的目标。例如，有人可能会说我想要一台计算机，有人会说我想要去很多地方旅行，有人会说我想要找一个好工作，还有人会说我想要家人都健健康康。我们每天想做的、想要的太多，但是这无数的愿望都还未转化成我们的目标，而是仅仅停留在那个"希望能够实现"的层面上。

合理目标的第一个特点：它需要是具体的，不能是模糊的、泛泛而谈的，要有一个可以衡量的标准，不是口号，而是计划后的成果。

通常，具体而艰难的目标比"做到最好"之类的语言更能给人动力。让人知道你希望的是能取得具体的成果或期望值，而不是模棱两可的话，更能让自己和他人对目标的实现有一个考量。如果奋斗的目标不明确，人们就很容易产生疲惫、灰心或妥协放弃的情绪，但若建立了具体的目标，你便无法欺骗自己了。只有达标或未达标，没有中间地带。

至于要具体到何种程度，这就因人而异了。因为目标分为长期目标和短期目标。一般来说，短期目标因为时间跨度较短，要比长期目标更具体一点。例如，"截至月底本月销售业绩突破5万元"就是短期目标；而"在十年内升职到经理职位"就是长期目标。但是我们也可以将长期目标细分为"多久做一次什么事"，如"每天读书一个小时并持续一年"或"每月去旅行一次"。

首先，最合适的具体程度就是达到可以量化的程度。其一，如果一个目标能用数字来描述的话，一定要用准确的数字来描述。例如，上文的"截至月底本月销售业绩突破5万元"中的"5万"就是一个准确的数字。其二，如果一个目标不能用一个数字来描述，而是用某种形态，那么这个形态一定要指标化，上文的"在十年内升职到经理职位"，就将指标定在了"经理职位"上。

其次，想要使目标具体需要有时间限制，任何目标都必须限定什么时候完成，特别是短期目标和阶段性目标。如果我们不限定自己的目标什么时候完成，则会慢慢发现我们离自己的目标仍遥遥无期。时间限制可以具体到某年某月某日某时，同一目标，达成的时间是1年还是10年，所需付出的行动是完全不同的。

最后，合理的目标还需要满足的一点是现实性，也就是可执行性。虽然经常有人会嘴里喊着"要成为亿万富翁"，但现实里很少有人会真正将它当作目标，因为对于大多数人而言，它的可实现性非常低。虽然我们倡导目标要切合实际，但我们制订的目标也要避免过于简单，很轻松就能办到的就不是目标了。

2. 制订目标的误区

我们制订目标时可能存在以下四大误区：

（1）只去制订容易实现的目标，而缺少对自己未来的"憧憬"。我们制订目标的寓意在于希望自己越来越好。尽管去任何的目的地，都必须考虑到现实的出发点、现实的条件。但是，当我们确立目标时，如果只一味地选择那些符合现实的，而不强调对未来的憧憬，就会发现我们能够轻而易举完成它们，到头来也没有多大的进步。没有远大目标牵引着人生，我们的潜能就不会有太大的发挥空间。

（2）总是根据自己现有的能力来确立目标，而不是先确立目标之后再逐一达成该目标。如果我们先确立目标，然后再发掘自己的能力，我们就会发现自己能力提升的速度将会得到大幅度提高。而根据自己能力来确立目标的人，所制订的目标常常不会是什么太大的目标，虽然他的目标每次都能够很好地达成，但时间一长就会发现他的能力似乎总是不见长进。能力毕竟不是天生的，可以是后天培养的。确立一个有挑战性的目标，你的能力一定会在挑战中迅速提升。

（3）将没有量化、突然产生的想法当成目标。这样做的结果就是无法衡量进度，也无法衡量结果。同时，也容易造成自己对目标认识不清晰、产生迷惘或者抵触情绪，养成随意放弃自己目标的坏习惯。

（4）根据现有的信息来确立目标，而不是先确立目标，然后再去找寻能够帮助目标达成的信息。在我们的大脑生理结构中有一个网状系统，是专门用来过滤信息的。这个系统中，有两种信息能够自动通过，其中一种是你认为重要的信息。当你根据周围的环境和自身情况来确立目标时，很可能即使目标不合理你也发现不了。因为我们很可能给自己的大脑潜意识地下了一道指令，与之相关的信息就是重要的信息，所以就很容易陷入信息给我们制造的陷阱，还可能会因为现有的信息轻而易举地放弃了更好的机遇。

二、好的目标在番茄工作法中的重要性

那么现在先来看看你近期有什么目标吧，把它们记录在下面的表格中。

然后看看你最近使用番茄时钟时的"活动清单",是否都是围绕这些目标制定的。

番茄工作法的第一阶段就是计划阶段,而我们所有的计划必须围绕我们近期的目标。如果缺少目标,我们的计划将会成为一盘散沙,越"忙"只会越"茫"。

小张刚接触番茄工作法,他很心急地想尝试使用番茄时钟,看看是否有效。于是,他不顾自己还没有确立近期的目标就写下了当天的"活动清单"。

小张的活动清单

活动清单	
1.	完成本周工作报告
2.	学习 Photoshop
3.	给客户发邮件
4.	去书店买书
5.	看办公软件的相关书籍
6.	和同事开会

小张的清单看似很饱满,可这样过了几天他发现,使用了番茄工作法的效果很一般,他的工作任务完成情况还是不容乐观,也没有学到一点新东西。幸亏小张没有放弃,继续深入学习番茄工作法,这使他恍然大悟:自己还没有确定明确的目标,导致计划根本没有针对性。

这次,他在制订番茄工作法清单之前,先根据近期的情况和长远的理想对自己的目标进行了规划。

在确立了个人近期的目标之后,小张重新写下了自己的"活动清单"。

小张的活动清单

活动清单
1. 完成本周工作报告并提交给领导
2. 和客户通过邮件、电话进行交流
3. 每天晚上学习 Photoshop 一小时
4. 构思新方案，并简要记录要点
5. 周五和同事交流新方案

我们可以发现，在确立了目标后重新制订的"活动清单"清晰明确，实践性和可操作性也得到了提升。

三、把握方向，用梦想清单武装自己

1. 什么是梦想清单

梦想清单就是指你在一段时间内（可以是一年，也可以是十年，甚至可以是一生），希望自己能够实现的任务、完成的挑战的合集，并以一张清单的形式呈现。梦想清单由无数具体的大小事件、目标组成，是你对自己未来的具体规划，对生活的客观希望，对梦想的追求。

梦想清单的原理在于它和潜意识相连接，当你把想做的事情在纸上、在计算机上、在手机上或者在心里列为实实在在的清单时，你的潜意识就会开始运作，它便会时时刻刻地提醒你需要对日常收到的信息进行选择性筛选。这样一来，你会把更多的精力放在可以帮助你实现这些清单的事件上，从而加快实现目标。

梦想清单是我们心里所渴望取得的成就,它之所以有着指引我们前进的巨大力量,首先就是因为它具体。你不能在梦想清单里简单地写上"我要成为一个优秀的人",这是没有太大作用的。你应该具体地写出为了"成为优秀的人",要去完成哪些任务,去付出哪些努力。

刚步入职场的小丽在接触了梦想清单后也给自己列举了一份今年的年度职场梦想清单。

小丽的年度职场梦想清单

年度职场梦想清单
1. 每天列举出当日待完成的工作
2. 每天列举出自己当日必须完成的工作,即使加班也要完成
3. 工作日每天提前十分钟到办公室,整理办公桌,并为开始工作做准备
4. 争取在一年内升职
5. 每天下班之前认真记录下自己当日完成了哪些工作
6. 多向前辈学习经验并记录在笔记本上
7. 每天给自己留出一小时,学习与工作有关的技能
8. 每周和一位同行交流心得

我们可以看出,小丽的梦想清单大多数都聚集在每天需要完成的任务上了,将之具体化、可实现化,实现起来也更明确。

2. 梦想清单的特质

总体来说,梦想清单一般具有以下特质。

（1）时间和时间段具体。包括频率是多少、持续多长时间、在何时完成最适合等。

（2）实现手法具有可操作性，难度系数具有可挑战性。其中任何一条最好都不要困难得完全没办法实施，也不要所有的目标都过于简单，花几分钟就可以完成。

（3）目标清晰、具体、明确，看到目标就能看到实现它的路径。例如，"每天跑步一小时"就比"锻炼身体"更合适。

3. 不适合作为梦想清单的目标及解决办法

第一类是目标过低，不需要怎么努力就能轻松达成。例如，你计划在今年存一些钱，你当时的月薪为 4 000~5 000 元，你在梦想清单上却写的是"每月存款 50 元"，这就不太合理。因为每个月存下 50 元不能很好地完成存款计划，而且当时有能力就应该每月存下更多的钱。

这里你可以将自己的存钱计划设定为：目前已经有多少存款，计划到今年什么时候存款多少。这是量化状况加上截止日期，即目前状况怎样，要在规定时间段达到哪个程度。或者也可以写成"目前已经有多少存款，计划每个月存多少，持续多久"。这样也比较具体，容易完成。

第二类是目标模糊，目标描述得不具体难以还原目标的"清晰面目"，实施起来缺乏可操作性。例如，"今年要学英语"，那究竟要学到哪种程度呢，会认几个单词也是学，能够和外国人流利地交谈也是学。这样的目标其实很容易蒙混过关，到自我检测的时候就会产生侥幸心理。说到底，它只是你心里的一个美好心愿而已，而且你心里对这件事本身也没有什么具体的想法，一开始就决定了你根本无法真正实现。

那应该如何正确表述这类目标呢？如把"今年要学英语"变为"今年要学英语，并且通过英语托业考试"。也就是说，这一目标由具体事物和难度系数组成，即尽可能还原目标本身，具体到学成何种程度。而且需要注意的是，实现它的难度系数要比较高，但是经过一定的努力确实能够实现。

4. 制订梦想清单的步骤

下面你也来为自己制订一份"梦想清单"吧,刚开始时清单内容不宜过长,简洁的清单更有利于我们去实现。要注意的是,尽量达到内容具体、表达简练。

梦想清单

一、工作(职场)梦想清单

1.
2.
3.
4.
5.
6.
7.
8.

二、个人生活梦想清单

1.
2.
3.
4.
5.
6.
7.
8.

这里我们便完成了梦想清单的第一步：写下具体的目标和计划，并相信自己一定能实现。

第二步：你需要将你的清单视觉化。当你写下梦想清单后，不仅要相信自己一定能实现，还要想象一下实现时自己的心情和场景，越仔细真实越好，并且把目标视觉化，甚至可以是画下那个场景或是找到一张相似的图片。这会使你能更清晰地正视自己的梦想清单。

第三步：你要量化你的目标。把你的目标分解成年度计划、季度计划或月计划，最好还能落实到每天的计划中。这样你就能清楚地知道你要实现这个目标每天都需要做些什么事情。

> **温馨小提示**
>
> 我们可以用番茄工作法来配合梦想清单的使用，将量化后每日的内容放到番茄工作法的"今日计划"中，就可以更高效地实现了。这也是我们制订梦想清单的动机和最后一步，去实现你的梦想清单，把它变成现实。

第二节　如何制订适合番茄工作法的目标

我们在使用番茄工作法时，要注意避免活动陷阱，不要只顾快速前行而忘了确定自己的前进方向及目的地。我们在使用番茄工作法时会遇到很多问题，其中一些问题可能就是由制订目标不合理而造成的。下面给大家介绍如何才能制订好目标，帮助实施番茄工作法。

一、想要完成？给你的目标减减肥

有的人常常在使用番茄工作法时苦恼，虽然使用了清单，但是仍然

完不成,而且在完成任务时常常感到力不从心,很焦虑。这很可能是因为你的目标太多了,导致在完成任务时不知道该从何下手。

有这样一个寓言故事。

有个农夫每天天不亮就起床干活,日落西山才满身疲惫地回家,但是自家收成却一直不好,家里越来越贫穷。一天他告诉妻子说要开始新一天的劳作,就顶着满天星辰出了门。当他走到田地时,却发现平时用来耕地的机器没有油了,原本打算立刻去加油的,突然想到家里的三只猪还没有喂,于是转头回家去。经过仓库时,望见仓库旁边有几个马铃薯,他想起马铃薯可能正发芽,于是又走向马铃薯苗田去。途中经过木材堆,又记起家中需要一些柴火,正当要去取柴的时候,却看见一只生病的鸡躺在地上……可怜的农夫,像一只无头苍蝇一样东跑西颠的,忙了整整一天。结果待到夕阳西下之时,他傻眼了,发动机油也没有加,猪也没有喂,田也没有耕,鸡也依旧病恹恹的……几乎是做了一天的无用功。

这里的农夫就是因为做事缺乏专注力,前一个目标还没完成,就跑去完成后面的目标,最后导致一事无成。我们在工作中一定要杜绝这种现象。

大学刚毕业的小王,一直在不停寻找自己的人生目标。于是,他很快就为自己定下了 5 个目标:在公司做到主管职位、当作家出书、开自己的餐厅、考取心理咨询证书、到国外旅游。

小王是一个行动力很强的人。在确定了这些目标后,他就开始为实现这些目标而忙得不亦乐乎。当别人下班回家时,他在加班工作,经常等到夜幕降临才离开办公室;当别人在娱乐时,他还在阅读各种书籍论文,希望为自己以后出书积累知识和经验;他还要学习经商知识,买了经济管理、商业管理等工商管理的书籍,以增加自己的商业知识;同时他还要找时间学习心理学知识,才能去考取心理咨询证书。那段时间他真的是踌躇满志,以为自己很快就会成为一个优秀的人。然而,时间一晃,5 年过去了,当初定下的目标一个也没有实现。5 年的时间就这样过去了，成功遥遥无期，此时的他觉得非常迷茫……

小王的问题出在何处呢？乍一看，你会认为小王是一个非常有志向的人，他也能够为了自己的理想付出行动，将理想化为目标真正地去努力。但是，一个人的精力毕竟

是有限的，目标太多，容易使自己顾此失彼。如果满天的麻雀你都要抓，到最后你可能一只也抓不着。小王就是这样，他的每个目标都不是轻而易举就能实现的，都需要花费很多时间和精力。他将自己的时间和精力分散到了太多的目标上，所以最后一个目标也没有实现。

同样，在生活中，你为了自己曾经精心设计的几个目标，可能也付出了很多精力和时间，但实现的却很少。你最终会发现，设立的目标太多，根本不能系统地对每个目标都进行分解，并制订出详细的计划，所以导致自己精力分散，无法实现其中的任何一个目标。

美国一位著名心理学家认为，现代人之所以活得很累，很容易产生挫折感和种种焦虑，甚至不快，是因为他们迷失和被淹没在各种目标中。我们只有专注投入地做好一件事，才有可能实现最终目标。做得少一点，做得好一点，得到的收获会更多。

现在，在实施番茄工作法前，请重新审视你的目标，如果它们过于繁重，请给它们减减肥吧。

二、适合你的，才是最好的

刚进公司的阿兰踌躇满志，希望能够凭借自己的能力为公司的发展

尽一份力。但她后来发现自己的实践总是比不上自己的主观想法，从而感到非常失落。这一切被公司的一位前辈老张看在眼里，于是老张决定帮助这个有决心愿意努力付出的新人。

可是怎样才能使阿兰在工作中更有针对性地努力呢？这时老张突然灵机一动回忆起去年在公司组织的培训中培训师为大家介绍的"SMART原则"，老张大喜，并为阿兰介绍了这个著名的目标管理方法。

"SMART原则"中每一个字母都代表一个单词，其中"S"是"Specific（明确的）"，"M"是"Measurable（可衡量的）"，"A"代表"Attainable（可实现的）"，"R"指代"Relevant（相关的）"，而最后的"T"是"Time-bound（有时间期限的）"。目标管理由管理学大师彼得·德鲁克提出，首次出现于他的著作《管理实践》一书。他认为，管理人员一定要避免"活动陷阱"，不能只顾低头拉车，而不抬头看路，最终忘了自己的主要目标。这个用于管理学的法则实际上在一般个人的目标管理上也很适用。例如，阿兰就通过这个方法，解决了工作上的一大难题，找到了适合自己的目标管理之路。

下面我们跟着阿兰一起来具体学习如何运用"SMART"原则吧。

1. 明确的（Specific）

所谓明确，就是指要用具体的语言清楚地说明要达成的行为标准。目标必须是具体的，要有特定的指标，并具体地写出来，不能只是笼统或概括性地指出。

例如，阿兰之前的目标"我要做内容运营"就太概括，如果将它具体地表达为需要做的行为，做起来将会更容易。

所以，阿兰将目标改为"近期内要掌握写作能力和文案技巧"。

2. 可衡量的（Measurable）

衡量性是指目标必须是可衡量的，不能是模糊的，应该有一组明确的数据，作为衡量是否达成目标的依据。衡量目标的指标是数量化或者行为化的，验证这些指标的数据或者信息是可以获取的。

因为阿兰的目标还可以进一步细化，让目标为可衡量的。阿兰希望掌握写作能力和文案技巧，但这里的"写作能力和文案技巧"还不能立刻明确要取得的工作能力到底达到了什么程度。

所以，在这一基础上，阿兰又将目标修改为：近期内我要掌握文章定主题、找创意、切痛点、改标题、练排版等能力和技巧。

3. 可实现的（Attainable）

在付出努力的情况下，目标必须是可实现的，假如一个从来没有做过文案工作的实习生，却确立了"要在一个月内成为文案专家"这个目标，那这可能就是一种不切实际的目标。阿兰刚进公司不久，虽然有了一定的文案经验，但是要想达到专家的程度，还需要大量的时间和经验。虽然我们一直强调目标要能督促激励你，但也不能太好高骛远。

因此，阿兰的目标在结合实际的情况下，可以修改为：在3个月内掌握文章定主题、找创意、切痛点、改标题、练排版等技巧。

4. 相关的（Relevant）

目标的相关性是指实现此目标与其他目标的关联情况。如果实现了这个目标，但此目标和其他的目标完全不相关，或者相关度很低，那这个目标即使被完成了，意义也不是很大。特别是工作目标的设定，是要和岗位职责相关联的，不能随意跑题。

例如，一位在前台工作的人员，她学习英语，可以在接听电话或者接待外宾时用得上，这时提升英语水平和前台的服务质量有关联，即学英语与提高前台工作水准直接相关。但如果你让她去学习Photoshop，就缺乏合理性，因为前台学习Photoshop与提高前台工作水准相关度很低。当然，她可以当成一种长远技能或者爱好来学习，但是不适合近期目标。

阿兰较长远的目标是"一年内成为一个合格的文案策划,能够独立完成文章的一系列创作",那现在她的短期目标和之后的职业规划就具有很强的相关性,是实现长期目标的第一步。

5. 有时间期限的（Time-bound）

目标特性的时限性是指目标是有明确时间限制的。例如,我将在10月3日之前完成某事。这里的"10月3日"就是一个确定的时间限制。没有时间限制的目标就无法进行自我考核,特别容易放松对自己的要求或者不停拖延,为自己找借口。

例如,阿兰计划"在3个月内掌握这些技能"可以改为"在某年某月某日之前掌握这些技能",会更合适。

现在你也来将你的目标更改为更适合自己的目标吧。选择一条近期的目标马上试试吧。

```
找到合适的目标
原始目标：
第一步（S）：
第二步（M）：
第三步（A）：
第四步（R）：
最终目标（T）：
```

三、用做减法的方式完成目标

当你看到番茄工作法清单有很多条目时,先不要感到烦躁,这表示我们的工作和生活是如此充实，现在有如此多的事情等待我们一件一件地去完成。而我们需要的，就是保持良好的心态，用充沛的精力去完成它们，将它们逐一清除出"活动清单"。

我们并不赞成目标过多，这样会使你分心，但有时候也会无可奈何地面临许多的任务。这时，我们要以做减法的方式去完成这些目标。下面是具体做法。

（1）先挑选哪些任务是可以短时间内完成的，你可以将它们单独写在另外一张纸上，再将它们从原来的"活动清单"上删除。之后再拿出一点时间统一完成这些简单的任务。这时，你只要当作你已经减去了这些目标就行了，而实际上你只增加了一个目标而减去了其他很多个烦琐的任务。

（2）当完成一项任务后，在休息时间立即将它删去，以鼓励自己，任务已经越来越少了，从而给自己减轻压力。这样我们会对自己的行为产生一种满足感，知道运用番茄工作法已经获得成效了。

（3）选择适当的任务从"活动清单"中移至"今日计划"中，"今日计划"上的任务不要太多，以免给自己造成不必要的压力。

（4）当"活动清单"上所有的任务都完成后，我们可以记录目前完成目标的进度，给自己一个提醒。

第六章
为什么高效人士都是清单控

工作清单，精英都是清单控

清单，在我们生活中随处可见，这是因为我们并不是那种能让生活一直井井有条的人。我们很可能会忘记去做一些重要的事，出门丢三落四，或者忽视某些重要的日子。幸好我们的身边还有清单，它就像我们的好朋友一样。

　　我们在使用番茄工作法前，最好学会使用清单，它能减少我们使用番茄时钟的压力。本章就将告诉你们关于清单的秘密。

带着以下疑问阅读本章

- 我们可以用清单做些什么
- 工作清单有哪些特点
- 社交清单有哪些特点
- 哪些状况可能会导致我们浪费时间

读完本章，你能收获什么

- 清单有哪些作用和好处
- 哪些工具能帮助我们更好地使用清单
- 如何制作工作清单
- 如何制作社交清单

第一节 清单，会让你变得高效

清单是我们在日常生活中经常用到的，小身材却有大智慧。虽然制作清单只需短短的几分钟，但你能从其中得到的收益是巨大的。特别是当习惯使用清单后，你会培养出清单式思维，你将在工作中更有条理。

一、利用清单，帮你重塑高效人生

在使用清单之前，需要知道清单有什么好处，为何要选择它。

（1）减轻焦虑，不会因为担心自己总是遗忘东西而失落自责。

（2）让你能够专心做事，不用把精力过多地花费在记忆不重要的事情上。

（3）让你可以专注于大局。

（4）让你可以处于制高点去分配工作。

（5）每划掉一项任务，你的成就感就将加深一些。

（6）让生活中许多重要的事能够自动完成。

（7）让你生活得更加轻松，并成为一个让人信赖的人。

其实概括起来就是：清单使我们更高效。

我们进行时间管理，是因为我们总觉得时间不够用，我们总有太多的事情没有时间去完成。要在短短 24 个小时之内把所有该做的、想做的事情都安排好，然后还要有时间去放松，这是很难办到的。我们总是生活在每天的焦虑之中，因为过度执着于一些事情却忘记了其他一些更重要的事。

列清单不仅可以督促自己完成目标，还可以让自己的日子过得不焦虑、更平衡、更从容。很多人都遭遇过这样的事：要去长途旅行，到了目的地才发现自己忘记带相机，这样遇到旅途中的好风景也无法记录下来；要去超市买做饭缺少的材料，回来时才发现刚刚自己只顾着去挑选零食，本该买的食材却完全没买。这时清单既可以帮助我们大大减少这些情况发生的概率，也可以使我们少走冤枉路、少花冤枉钱，工作更加有条理，生活更加自信。

不论你是不是清单控，都能从这个简单的非高新技术工具中获益。再丢三落四的人，使用了清单之后，也能使现状有所改变，条理更加分明，思路更加清晰。

把目标写下来会有惊人的力量，这就是为什么我们要提倡使用清单。2008 年，加利福尼亚州多明尼克大学的盖尔·马修斯博士做了一项研究。他招募了 267 个来自不同国家不同行业的人，这些人包括律师、会计、非营利组织员工、市场营销人员等。经过调查研究发现，将既定目标写出的人更有可能完成任务，而且完成任务的可能性比没有写出的人的可能性高 39.5%。

使用了清单，你对自己的认识会更清晰，明白自己目前在做什么，知道自己想做什么。你会有条不紊地对待每件事情，更有动力去冲破难关。

下面来具体介绍清单有哪些惊人的力量。

1. 减轻焦虑，帮助你抵挡工作的压力

你是否经常担心：事情那么多，这件还没完成呢，下一件就冒出来了。这样的担忧每个人都会有，而清单的最大作用就是解决遗忘问题。只要开始把事情写下来或者记录到电子设备上，你就可以暂时把它们从你的头脑里删除，等到需要时再放回去即可。

遗忘是很正常的。即便是成年人，注意力平均最多也维持不到半个小时，所以我们无须为自己遗忘一些事情而备感失落。当然，经常丢三落四也不好，所以我们需要列清单。要避免这种情况，最好的办法就是一想到重要的事情，就记下来放在显眼的地方。用便利贴粘贴在办公桌前，或者随时记录在日程本上，或者写在手机备忘录里，或者直接给自己发条消息。特别是在工作中，突然有一个绝妙的灵感一闪而过，几分钟后你的同事来找你借了一支笔，这时你可能突然就想不起来了。其实只要花费几秒钟通过任何方式记录下自己的灵感，就无须面对之后的懊悔和痛苦了。

2. 使你的生活更有规划，增加自律力

计划总是以清单的形式呈现，不然计划就起不到它应有的作用，清单可以使你的计划一目了然，不给你逃避去执行的借口。当你将需要完成的任务记在了清单上，也代表着你给自己一个承诺——我将要好好地去完成它们。

当你列好了清单，你去完成计划的可能性就大得多。清单可是你培养自律路上的绝佳帮手。

3. 提升你的专注力

把清单当成导航地图使用，它指引着我们专心致志地朝着目标迈进。按照清单一件件来实现任务，一整天下来你会发现自己越专心，做事情就越有效率，在不知不觉间清单上的工作就完成了，你也能空出更多的时间去做你想做的事情。

重要的工作越多，我们反而可能越浮躁。特别是我们正在做一件较困难的工作时，突发事件像雨后春笋般冒出来，当我们混乱地解决了这些事情之后，也无心再回到刚才的工作状态中。

这时如果有清单在手，你就不用怕工作被打断，因为就算遇到急事需要插进来先处理，做完后也容易回到刚才的中断处。比如，你正在写报告，而客户突然打电话来，正确的做法就是在清单上写下"写报告到第二阶段"。因为有可能这个电话一结束又会有新的事情向你袭来，所以

把刚刚的事情做到哪里记录下来才是最保险的。你也更能从"行动转换"造成的时间黑洞中逃离出来。

4. 帮助你整理思绪

当你"选择困难症"发作或者面对太多的事而头脑混乱时，不妨先将各种想法或各类选项列在清单上，然后就可以一步一步去构思如何把步骤跟结果串联起来，去分辨各种情况的优劣，这会让你的决定更加合理。从多方面来考虑，你也可以在头脑混乱时先将各种思绪拿出来，放在清单里。这样你头脑的内存就会暂时变大，头脑的处理器就可以运行得更加流畅，思考任何事情也都会更客观、更清晰。

5. 使你更加自信

经研究表明，清单可以让人感觉对生活更有掌控力，原本对很多事情感到无力，甚至害怕去尝试的你，也会乐意去实践了。害怕忘记事情而遭受同伴的责怪吗？那就拿出你事先准备的清单吧，这样无论做什么你都会更胸有成竹。机会都是留给有准备之人的。

当你在使用了番茄工作法做完工作之后，一件件将清单中的任务划去是一件非常有成就感的事。这既增加了你的自信，也使你工作起来更有动力与效率。随着我们每天都能按时完成清单，我们的自信感也会越发强烈。

二、采取清单式的思维方法

很多人希望自己在工作上能表现得更好，能得到领导的嘉奖，得到同事的肯定，也希望自己在处理生活的各项事务时游刃有余。但就目前来说，他们觉得想要实现这些还有所困难，于是望而却步，离目标越来越远。其实，只要一张清单，就会使很多复杂的问题变得简单。也就是你需要学会采取清单式的思维模式。

想要在工作、生活中任何一个层面有所突破，都不能只是想想而已，而要勇于投入实践。当你去实践时，清单式的思维方法是一种非常有效的方法，目标一旦写在纸上，就代表你必须负责任。目标不论大小，可以简单到去超市买一些生活用品，也可以是要求自己在当地的报纸上发表一篇文章。其背后的精神都是一样的，那就是你想要得到梦寐以求的东西、成为想成为的人，就要认真完成你设定的目标。

当你采用清单式的思维方法时，你将会感到更愉悦，会有更多的时间放松、休息，读一本感兴趣的书籍，发展你的兴趣，增加你生活的乐趣。拥抱清单式思考，你就可以逐渐拥抱美好的生活，向着那个希望中的自己靠近。因为清单可以帮助你把该做的、想做的事情切成一个个小块，让你可以细嚼慢咽地吃下去，而不是无法下口或消化不良。这种方法使你可以获得以下益处。

（1）用清单来加速完成工作。

（2）使每分钟都能得到很好的安排。

（3）更有条理、更有效率。

（4）合理计划自己的花费。

（5）生活得更平衡。

（6）减少压力。

实际上，清单是一种治愈系的工具，换句话说，清单能平静你的心灵、稳定你的情绪，让你感觉更自在。把清单搬运到纸上，你就可以不时地注视它，而不用为了记住它费尽心思、饱受折磨。这样，你的焦虑能够减少，还可以将压力转移到纸上或手机上。

采用清单式的思维方法，就是要使自己在日常工作和生活中，把清单放在更重要的地位，能够使用清单时绝不花费太多精力去记忆。并且，平时在思考事情时就能自觉地将各种事物在头脑中用清单归类。总之，用清单能使任务更简单。

三、清单控们喜欢使用的工具有哪些

清单既然如此有用，我们现在就来动手使自己的清单更有效率吧。在此之前，先介绍一下清单控们喜欢使用哪些工具来做好自己的清单。

1. 便利贴

在超市里、文具店里我们都能买到大大小小、各种颜色的便利贴，它虽然小巧，但用起来十分方便有效。很多职场人士都用过便利贴，并且都有自己的独特体会。我们通常用便利贴记下待办事项并将之贴在办公桌醒目的地方，或者将便利贴当作随身小纸条使用，记下一些害怕遗忘的信息。

对于我们使用清单来说，便利贴是一个好东西。在工作时，或者外出购物、旅行时，对于一些小的、暂时无法进行归类的事情，或灵感降临，使用便利贴就是一种最正确的选择。我们可以将这些事情都记录在便利贴上，并将其贴在自己的计算机旁、日程本上，当我们忙完手头的事情后，再去关注我们之前记好的便利贴。对于一闪而过的想法，可以进一步思考它是否合理，是否需要记录到工作笔记本上。对于一些暂时性的小清单，如将要去超市购物时使用的购物清单，我们可以选择将其放在"活动清单"中，方便购物时随身携带。

总之，便利贴可以用来记录工作信息，也可以用来管理我们的生活。在生活中，我们可以将信息写在便利贴上，再随手贴到我们的冰箱上、门上等，既方便自己查看，也可以用来提醒他人。

使用便利贴有以下好处。

（1）便利贴的空间有限，迫使你对事情的轻重缓急有所抉择，只有真正急迫且重要的任务才能记录在你的清单上。

（2）你可以把便利贴贴到任何你认为自己能注意到的地方，如你将工作安排写在便利贴上并贴到你的显示器旁，但你的工作没能在上班时间完成需要回家加班，这时你就可以将便利贴"移植"回家，再贴到家里的书桌上。

（3）便利贴一旦写满，就不能在这张纸上添加新东西了，有时候我们觉得任务过多也许就是因为我们随心所欲地添加任务，而便利贴可以使我们专注于最重要的任务。

（4）便利贴上的任务一旦完成，自己就可以休息了，这张纸也可以马上扔掉，以减轻压力。

（5）如果遇到突发的重要事情，我们只需简单地再写一张便利贴就好了，而不用使我们的日程本变得凌乱不堪，无从下手。

2. 日历

日历的使用最好是和便利贴相结合。在需要安排清单的日程上，贴上一张便利贴，当天所需完成的任务就一目了然了。

日历主要是用来查看时间、提示重要时间的，如你明天要去某个地方开会，后天要去见一个许久未见的老朋友。将你需要做的事情以事件为单位写入你的日历中，这样一来当你需要安排新的事务时，打开你的日历，就能够查看所有的空余时间。然后再来进行清单任务安排，避免将重要的事情"撞车"——在时间的安排上有冲突。不过一般的日历可能记录不了太多的信息，这时你就可以使用便利贴了，将一些重要的事件按顺序记录下来，贴到日历上，之后可以随时查看。日历本身并不等于清单，所以我们要根据日历重新安排任务清单。

如果你觉得便利贴太麻烦，日历也不好随身携带，那么在日历的使用上，你可以选择使用系统自带的日历。例如，手机自带的日历，虽然功能不强，但也足够将清单放在里面，想起时打开查看即可，或是选择下载一些与日历相关的软件。

3. 手机 APP

手机一定是你每天见面的老朋友了，所以将清单放到手机里是再方便不过了。

第六章 为什么高效人士都是清单控

这里给大家推荐两个非常实用的手机APP，供大家参考。

（1）印象笔记。"印象笔记"实际上就是一个巨大的笔记本，你只需将笔记或信息放进去就可以，之后再来慢慢整理，它主要的功能如下。

"印象笔记"界面

①最常用的是它基础的记录功能。包括文字记录、图片记录、音频记录、视频记录及联系人记录。当你灵感来临时，你只需打开【新建笔记本】，将想保存的东西输入进去保存即可，之后再找时间统一整理。

②清单功能。当你想制作一个待办清单时，可以借用印象笔记的复选框功能构建待办清单，之后便可以投入实践。

③收藏功能。不管是看文章、看资料、看网页还是看视频，对于你想收集的信息，都可以及时保存下来。

④缓冲处理器功能。把信息看完后，在进行二次筛选和处理的时候，进行统一整理，以便纳入自己的知识体系中。

⑤知识管理功能。在个人提升方面，如读书、写作、学习，印象笔记都是不可或缺的高效工具。

⑥储存功能。你可以将自己现有的物品进行编号处理，之后再放到印象笔记中，就可以有效地对它们进行管理了。

用户可以扫码下载：

（2）滴答清单。"滴答清单"使用起来非常简便，首先，创建任务，将你的任务一一添加上去；其次，按需要设置时间和提醒；最后，在完成的任务后面打钩，完成了的任务依然会保留在页面上供我们查看。它还有很多其他的扩展功能，你可以在实践中一一发掘。在附录 A 中还会具体介绍更多手机 APP 及其使用方法。

"滴答清单"界面

用户可以扫码下载：

第二节 工作清单：让你成为职场精英

很多身在职场的精英都有自己的工作清单，成为清单控使他们更高效。不论你是做哪一行的，清单都可以提升你的工作能力。你可以用清单进行工作日程规划、会议规划、项目管理……

想要成为职场精英，就从拥有清单开始吧。

一、制作清单，从一早开始

要想成为清单控，有一件事需要铭记在心，就是要找到适合自己的清单运行模式。与使用番茄工作法相同，我们要在实践中不断调整自己使用清单的方法。而一天的初始，无疑是制作清单最好的时候（当然你也可以将制作清单放在睡前来进行）。

在你开始一天的工作前，你应该对自己当天一整天的安排有大致的计划，明白自己应该在什么时候做什么事，为自己高效的一天奠定基础。

制作清单的注意事项。

（1）一定要在最前面标注好日期。既提醒自己这是当天的任务，又方便归档和以后查找数据。

（2）将当天要做的事都事无巨细地写出来，包括例行的公事。千万别把一些每天都在做但是非常重要的事忽略，将它们写在纸上，使你的清单更完善和更整齐。

（3）按照需要完成的时间和重要程度、紧急程度来确定优先级。对于完成清单来说，优先级是一件很重要的事，毕竟我们精力有限。所以在制作清单时，最好对优先级有一个把握。

（4）其他注意事项：在使用时我们可以视情况、具体需要增减条目；做任务时有意识地提醒自己正处于清单的何处；在清单上留点统一的时间给杂事。

每日任务清单示例如下。

每日任务清单

时间	年　月　日　星期	
任务	任务具体情况	进度
任务一		
任务二		
任务三		
任务四		
任务五		
暂存任务	（1） （2） （3）	
计划完成时间：		
实际完成时间：		

下表是从事设计工作的清单控小李某天早上填写的任务清单。他在早上将任务清单填写完毕，在使用番茄工作法完成任务后就可以方便地完善了。

小李某天的任务清单

时间	2018年 6月 1日	星期五
任务	任务具体情况	进度
任务一	根据开会讨论的建议，修改设计图稿	
任务二	为设计图稿上色	
任务三	再次发布设计样稿，收集意见	
暂存任务	（1） （2） （3）	
计划完成时间：		
实际完成时间：		

温馨小提示

我们可以在早晨起床后，一边享用早餐，一边制作当天的清单；或是在地铁上用手机 APP 简要地对自己的一天进行规划；或是提前几分钟到办公室，先把当日任务安排好再开始工作。

虽然什么时候制作清单由你的习惯和环境来决定，但从早上开始，确实是一个不错的选择。

二、用清单进行开会的规划

要想使会议更有条理,那就来依靠清单吧。无论是员工还是领导都可以通过清单来使会议进行得更顺畅。

在知道即将为某事召开会议后,就可以开始用清单做准备了。花一些时间将你一闪而过的想法记录在便利贴上,不论它们是否成型、是否完整,都将关键词记录下来。记录好之后,你就可以开始整理思绪了,删除那些不适合在会议上说的关键词,将它们誊写到另一张便利贴上,以供在其他时刻使用。将有关联性的关键词句整合,然后按列清单的方式一一列举到开会的记录本上。这样一来,你开会的重点将会更突出,既不会使自己的发言全是翻来覆去的几句话,也不会因遗漏重点而在会后后悔莫及。

简要会议清单示例如下,你也可以尝试以这种形式填写会议清单来提高工作效率。

会议清单

序号	主题	具体内容	解决方法/截止时间
(1)	办公用品采购	向领导提出增加办公室办公用品采购经费,提议更换一批办公日常用品	领导已同意 月底之前采购
(2)			
(3)			
(4)			
(5)			

时间: 　　　　　　记录人:

三、怎样使清单更完美

在清单的世界里，也有好坏之分，只是将事情随便写在纸上是不够的。这张纸美其名曰"清单"，但是上面乱七八糟、凌乱不堪。这样的清单没有任何意义，只会浪费你的时间。清单要让你轻松自在、从容不迫才行。

1. 检查清单

首先，检查清单是否有多余事项、表达是否简洁、优先级是否调整好。

其次，我们要给冗长的清单减减肥，把那些不重要的事项都去掉或者放在清单末尾。一定要明白清单并不是靠多取胜的，有时候简洁反而会显得更清晰。

最后，还要检查每个事项的表述是否合理，别太多太复杂，也不要模糊不清。

例如，"在当天下午下班之后花半个小时到××路的书店买一本学习 Photoshop 的参考书"就太长了，我们最好调整到 20 字以内。改为"下班后到书店买 Photoshop 用书"，就可以一目了然地知道自己需要做什么事。

2. 设定一个期限

对于那些复杂的工作，你最好提前设定一个合理的截止时间，否则可能永远都做不完。早点开始，不至于火烧眉毛了才来后悔。

3. 奖励自己

面对清单，一点点小的奖励就可以给自己很大的动力。可以把奖励写在清单上，当把所有任务划掉后就像游戏通关一样得到最后的奖励。

4. 提醒自己

我们可能会被其他东西转移注意力或临时懈怠了，这时就需要进行自我提醒，可以用手机的闹钟给自己定时提醒，写上"你是否正在完成清单"之类的话。现在市面上的清单类 APP 绝大多数都具备提醒功能，方便我们使用。

第三节　社交清单：让生活更有乐趣

清单除了用在工作中外，还可以用来规划社交生活。用在和朋友的交往中，出门旅行时，或者其他各种社交场合，都会产生奇妙的效果。

一、友情也可以用清单维系

现代社会一直在以快节奏的方式运转，我们每天都忙于一件又一件的大事或琐事。有时候想约朋友见面都很不容易。但是我们作为社会中的一员，社交活动可以维系我们和朋友的关系，使我们的身心得到愉悦。因此，我们提倡用清单维系我们的友谊，增加我们日常的幸福感，缓解工作带来的压力，让我们更有勇气去面对困境和挫折。

很多时候你好不容易找到时间去见朋友，分离之后才猛然想起"我还有事情忘了说"而感到后悔莫及。其实，你可以先写好清单再去和他见面。

将头脑中想要分享的事（不管是开心的事，还是你需要被安慰的事）转换成文字，简单地记录在便利贴上，或者专门在手机 APP 上列一个清单，把大大小小想要分享或倾诉的事都放进这个空间里。

比如，当天看到一条窗帘是朋友喜欢的类型，而朋友碰巧最近想换一条新的窗帘，这时马上将该信息记录在清单里，甚至可以拍下来。当你和朋友见面时你就可以亲自拿给他看，他一定会因为你能记得他的喜好而开心。

当你最近有烦恼时你也可以记录下来,等到和朋友见面时一一诉说,相信他们一定会非常乐意为你解答的。

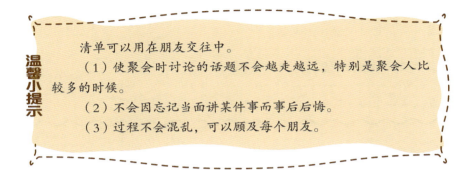

温馨小提示

清单可以用在朋友交往中。
（1）使聚会时讨论的话题不会越走越远,特别是聚会人比较多的时候。
（2）不会因忘记当面讲某件事而事后后悔。
（3）过程不会混乱,可以顾及每个朋友。

二、如何用清单进行完美的旅行

1. 利用清单进行旅行的原因

完美的旅行少不了清单,关键的原因在于以下两点。

（1）你很可能会忘记旅行时需要的东西,万一是路上不能买到的你却急需的那就非常麻烦了。

（2）清单可以实实在在地帮助你省钱。当你好不容易挤出时间到风景怡人的海岛休假,等到了酒店才发现自己忘记了带泳衣,绝对会影响你整个旅程的好心情,说不定还会使这趟梦幻之旅的期待值下降。而且,你还必须要在景点附近的商店购买泳衣,而我们都知道,景点周围的商店卖的商品通常会比较昂贵,你不得不为了你的粗心大意而付出经济上的代价。

但当我们运用了清单后这一切就会有巨大的改善。清单既可以用在我们出发前收拾行李上,也可以帮助我们安排行程,游遍那些我们一直盼望去的地方。

2. 利用清单进行旅行的好处

（1）拟订行程安排，做大致计划。假设你将去某个海岛度假三天，你可以大致写下流程。

```
第一天：出发，酒店，晚餐
第二天：购物，午餐，沙滩，晚餐
第三天：出海，午餐，归途
```

有了这张清单后，你就可以将需要考虑的东西都记录在清单上，包括启程和回程办理手续需要的东西、交通方式、每天要穿的衣物等。

（2）分类记录。在制作行李清单时最好是将所有需要携带的东西分类记录，如衣物首饰类，卫浴，化妆用品类，电子设备类，书籍读物类，其他补充。

这样可以使你把应该带的所有物品想得更清楚，而不至于无从下手，也能防止遗忘一些常用却易于被忽视的物品。

（3）查看天气。天有不测风云，我们更要注意防患于未然。天气预报不是完全准确的，但我们可以根据它对携带的物品和行程做一些调整。

（4）按照清单收拾东西。我们可以对照清单将所需物品逐件放入行李箱，如果在收拾时发现有用不上的，可在清单上划去。

（5）最后补充。最后补充的物品是一些随时会用到的东西。

三、避免冷场：不妨试试清单吧

我们很可能都有过这样的时刻：感觉空气瞬间凝固了，不知道什么可以说什么不可以说，双方都处于极度尴尬中。在某些特定的社交场合，我们可以先用清单准备一些"万能"的话题。

例如，遇到熟悉的人：

（1）你最近有遇到什么开心/有趣的事吗？

（2）你最近在读什么书？

（3）最近新上映的电影你看了哪些？

对于刚认识的新朋友：

（1）你一直都住在这里吗？你过去住在哪里？

（2）你小时候很调皮吗？

（3）你喜欢画画/阅读/书法吗？

> **温馨小提示**
>
> 当然，在不同的场合，遇见不同身份的人，我们的清单也会有所不同。当我们要进行社交活动之前，可以因时制宜，提前准备一张清单，使我们不再陷入冷场的尴尬处境。

第七章
管理好精力真的很有用

每个人的时间是有限的,要想在一定的时间内获得更好的工作成效,就不得不提到精力管理。好的精力是好的工作效率的保证。

在番茄工作法的使用过程中,我们要保证自己有良好的精力,这样才能井井有条地投入行动,这是我们在工作"战场"上最好的武器。

带着以下疑问阅读本章

- ✿ 为什么我们需要精力管理
- ✿ 精力管理有哪些好处
- ✿ 我们应该如何管理自己的精力

读完本章,你能收获什么

- ● 精力管理的含义
- ● 如何将精力转化为专注力
- ● 如何保持充沛的精力

第一节 好的精力代表什么

在现实生活中,我们只学会番茄工作法的基本原理和方法是远远不够的,还需要有良好的精力去实践它、运用它。否则,即使给你再多的时间,也无法真正投入工作。

我们的精力是有限的,因此我们要追求最大化地利用它。

一、你无法拥有更多的时间,但你可以用精力制胜

大力有一颗不甘现状的野心,但却苦于没有足够的精力去实现这些野心。他今年刚迈入职场,十分积极进取,更是主动学习了番茄工作法,以便继续提升自己的工作效率。每天他都会精心制订当天的工作清单和学习任务,打算用番茄工作法一一攻克它们,甚至连午休时间也在努力工作,晚上还经常加班或学习到深夜。即使是周末别人都在娱乐或休息的时候,他也在忙个不停,不断在网上学习或参加各种培训。

但是还不到一年时间,大力感到自己的精神状态一天不如一天。一到下午,就会没精打采昏昏欲睡,有时甚至头昏脑涨,并且工作和学习效率低下,因此心中满是焦虑。而每当下班回家之后,他都感觉身心疲惫,什么都不想去做,真的没有精力再去读书或学习了。

相信我们很多人也都遇到过这样的问题,想要拼命一搏,却被身体"拖了后腿"。

奋斗的路上仅有一颗"拼命三郎"的心还不够,还得懂得如何去合理地使用自己的精力,不能一味地挥霍,否则就会造成和大力一样无奈的局面。

美国学者吉姆·洛尔和托尼·施瓦茨合著的《精力管理》一书中对精力有一个大致的定义:精力就是做事情的能力,包括体能、情感、思维和意志4个方面,它们相互独立又彼此关联。要想使工作高效、生活得

当，仅仅管理时间是不够的，还要懂得如何管理自己的精力。

我们通常所说的精力，由两个重要的要素组成：一是和我们自身的身体状况和健康相关的体力，二是和我们内在的大脑相关的智力。体力是智力的基础，没有好的体力，有再多的智力也无法有效工作，而智力能使我们将体力发挥得更好。在通向成功的道路上，我们要追求精力和体力的统一。

一般来说，"精力最旺盛的时候"是指体力和智力同时最旺盛的时候，但这个时间并不是一个固定的时间点，通常来说，它是精力最旺盛的时间段与智力最旺盛的时间段的交集。

例如，大力通常感觉自己在上午十点到下午两点的体力最为充沛，而在下午两点之后身体会逐渐感到疲惫，如果不睡午觉稍作休整，可能就会在下午工作时犯困。而大力的智力一般在早上八点到中午十二点和晚上六点到八点最好。综合来看，大力应该把重要的工作安排在上午，尽可能高效地完成；而中午要留出一定的时间去休息，这样才能保证下午高效率地工作；晚上可以安排一定的时间用于学习。

一般来说，我们的心情会因为环境和其他外界事物的影响而产生变化，有高潮，也有低谷。身体也会因为生理原因而需要重新充电上路。这些都是非常自然的客观生理情况，是生命所必须遵守的自然规律。

没有人的精力是无穷无尽的，做事张弛有度、保证适当的休息时间和高质量的睡眠是必需的。我们每个人每天的时间都是固定的，都只有短短 24 个小时。所以，我们要追求的不是时间的无限，而是要学会在有效的工作时间内，保持精力的充沛和头脑的灵活，以实现在一定时间内获得最高效率的工作成果。

每个人的精力状况都是不相同的，在竞争日益激烈的社会里，精力承受着高负荷的重担，接受着严峻的考验。在学习精力管理之前先来检测一下自己的精力状况吧。

小测试:回答"是"与"否"

在下列测试题中,根据自己的实际情况选择"是"与"否"。

1. 在工作、学习上抱有超过别人的愿望

2. 对生活有积极的态度,具有积极的人生观

3. 不满足于平常的生活方式

4. 常常倾听各种人的意见

5. 竞争心强烈,但也有适当的休息时间

6. 敢于向超过自己能力的目标挑战,不太拘泥于结果

7. 无论做什么事情,都存在时间观念

8. 被人指出缺点时,能心平气和地接受

9. 经常在脑海里描绘自己要做的事情

10. 一时办不到的事情,会计划以后想办法做到

11. 尽管有的事情未按计划进行,照样泰然处之

12. 被人责难后,自我反省而不耿耿于怀

13. 做事情时总感到心中充满激情

14. 工作不顺心时,能把烦恼抛在一边,悠闲地度过一段时间

15. 喜欢与不同类型的人合作

每题选择"是"得1分,选择"否"得0分。将全部得分相加,算出总分。

> 测试结果
>
> 0~8分：精力充沛度较低，自我提高的意识较弱，缺乏与人竞争的勇气。往往过于考虑对方的心情，很少提出自己的主张。做事情没干劲，也没有什么雄心壮志，安分守己。建议调整心态，增强自己的意志力和精力
>
> 9~11分：精力充沛度一般，但在一些重要事情上能投入自我
>
> 12~15分：精力充沛度较高。无论对什么都干劲十足，富有挑战精神，对学习满腔热情。如果能够好好管理自己的精力，则工作能取得极大的进展
>
> 你的得分是多少呢

只有了解了我们精力的状况和需求，才能进一步去学习管理它。

二、充沛的精力需要好的心态

我们作为自然人有着自己的生理特征。但是在现代社会中，我们不停地忙着和时间赛跑，时时刻刻上演着"夸父逐日"，却忘记了我们生命本身的节奏，总是想当然地认为我们的精力储备永远充足，而忽略了我们的精力是有限的，需要休息和恢复。

很多时候，精力同时也和我们作为社会人的心态有关。

小白最近刚换了新工作，新的职位比之前的待遇更好。可是工作了一段时间之后，小白觉得领导好像并不喜欢自己，即使多次修改还是不认同自己的方案，鸡蛋里挑骨头。他心想，既然自己的努力得不到相应的回报和认可，就没有必要付出那么多的时间和精力。渐渐地，他的工作热情开始消退，不愿意投入那么多精力，工作表现也大打折扣。长此以往，他感觉自己被边缘化，在新工作中迷失了自我。

对于我们来说，一旦失去了好的心态，人的精力就很容易缺失。因为精力其实也是阶段性的，既没有了最初的那股新鲜感，又看不到最终

结果,就会导致对自我和对周围环境的质疑,怀疑坚持是否有意义。

一旦我们的信心动摇就会将精力向负方向调整,只有坚定信心才能使自己的精力得到充分利用。有时,即使是处在精力最旺盛的时候,如果心态不好,也很难将精力合理且高效地用到正确的地方。就像小白一样,明明凭借自己的能力获得了更好的工作,可是没有好的心态,对领导产生了"怨气",而不是选择让领导看到自己的能力,最终导致精力无处发挥。

内心是一个人力量的根本源泉。一个人纵使体力再好身体再强,假如在内心深处对这个世界失去了信心和希望,做什么事情也提不起劲来,那他根本就不可能拥有旺盛的精力。相反地,有些人即使身体存在缺陷,但内心深处有着自己的坚持,有着强烈追求自己目标的动力,那么他所迸发出来的精力也可能远超常人。

精力需要好的心态来维护,我们要正确对待自己,激发出自己内在的动力,最大化地发挥自己的精力。

1. 正确认识自我、看待自己,产生自我认同感

在这个社会上,每个人一定都有属于自己的位置。重要的是,我们要找到自己的价值和存在的意义。

小白在工作中,面对领导的精益求精,没有更好地去完善自己,也没有适当地去和领导沟通交流,导致自我认知愈加不清晰,从而产生迷茫的感觉。

在日常工作和生活中,我们要学会用正确的方式对待自己的优点和缺点,努力改变可以改变的、接受无法改变的部分。学会接受自己,保持好的心态,当我们自信时往往也会有好的精力。

2. 重视情绪管理

作为一个人,当受到外界影响时,我们会产生不同的情绪。而我们

内在的喜怒哀乐，都会影响我们的决策、行为和思考，不好的情绪会大量消耗我们的精力。

学会管理自己的情绪，用内化和升华来调节自己的情绪，是非常有必要的。特别是在工作的时候，平和的心态能够帮助我们高效地完成工作。不时地大喜大悲只会将自己搞得十分疲倦，既影响工作的效率，又影响工作的质量。

小白因为感觉领导不喜欢他，就产生了一种不好的情绪，这种情绪没有得到疏解，他就开始对工作产生抵抗情绪，不再全情投入。但如果他能将注意力转向内心，挖掘深层价值观，找到自己追求的内在价值，就能够逐渐转变自己的心情，重新获得充沛的精力。后来小白注意反省自己，并且通过和领导的沟通交流，及时改进自己的不足，最终获得了领导的赞许。他在工作中重新找回了自己的精力，使日常工作重新回归正常的轨道。

人身在职场常常会面临很大的压力，虽然有时候我们不得不忍受严苛的老板和高压的工作环境，但只要我们能够坚持自己的价值观，不被愤怒、怨恨和不安的情绪所困扰，便能将我们的精力合理使用，从而取得丰硕的工作成果。

第二节 发挥专注的力量

专注是成功路上的一大重要利器，它既能使我们全身心地投入某项事业，又能把一个人的潜力发挥到极致。一旦达到那种状态，你就没有了自我的概念，而是将所有的精力集中到一点，最终迸发出惊人的力量。

使用番茄工作法时，我们要将全部精力放在正在完成的任务上，才能更好地将任务清零。

一、将精力转化为专注力

俱乐部正在进行围棋比赛,一位教练没有关注比赛,却被观众中的一个小孩吸引了目光——这个小孩在棋盘旁整整站了一上午,他目不转睛地盯着棋盘,将全部的精力投入其中。第二天,这个小孩又来了,又专心致志地看了一上午比赛。

一个小孩能将全部精力投入一件事上是难能可贵的,于是,6岁的上海儿童就这样被收进了围棋队。3年后,他荣获全国"棋童杯"冠军,之后更是不断进步战胜了很多强敌。他之所以有这样的进步,一大原因就是他的注意力高度集中和稳定。他将自己的绝大多数精力都专注于学习围棋,最终在自己的爱好上获得了很大的成就。

效率来自于专注。就像这个例子一样,我们管理精力的目的就在于要把精力转化为专注力,并投入实实在在的行动中。保持专注是提高效率最直接的方法之一,工作时投入50%和投入100%所获得的工作成效是完全不同的。我们要做的就是将精力转化为专注力,在有限的时间里全身心地专注于工作,并取得成果。

为了增加专注度,我们倡导规律化的生活,让自己身体深处的生物钟和情绪钟能够规律化,并建立起神经上的反射关联。规律化的生活代表着我们要更加自律,建立起自己的时间表,在固定的时间只专注于一件事。例如,固定时间起床和就寝,尽量不熬夜,工作时间全情专注于工作,休息时间不去担心工作有没有做完、做得好不好,每晚找时间反思、总结、冥想等。

二、如何保持充沛的精力,让高效毫不费力

安妮在办公室里总是表现得很活跃、很有精神。她很少加班却也能将工作安排得井井有条,工作效率很高。当同事询问她保持旺盛精力的原因时,她故作神秘地一笑,然后向大家分享了这个保持精力的秘密:

该工作时工作，该休息时休息。下面我们来跟随安妮探究一下如何才能保持充沛的精力，让工作、生活更加高效。

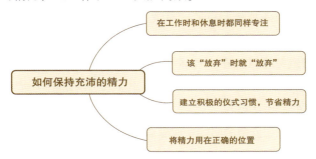

1. 在工作时和休息时同样专注

《精力管理》一书中提到："最丰富、最快乐和最高产的生命的共通之处，就是能够全情应对眼前的挑战，同时能够间断地放松，留给精力再生的空间。"这样才能获得充沛的精力。

也就是说，在工作时你需要将自己的全部精力投入其中，这样才能提高工作效率，尽快地把任务完成，从而预留出更多的时间来放松和恢复精力。

当到了休息时间，你需要的就是忘掉工作，及时且全身心地放松。除非有特别紧急的任务，否则最好不要把工作延长到休息时间来完成。很多人都把在工作中休息当成一种偷懒或可耻的行为，这是一种谬论。实际上，只有及时休息，才能保证你的投入能够收获有效的产出。正如古希腊运动员训练手册的编撰者斐洛斯特拉图斯所说："通过运动和休息的交替，可以最大限度地提高表现。"我们要将工作和休息协调得当。

你的工作、学习之旅并不是一场漫长的马拉松，而是你一个人的接力赛。你需要在比赛的时候做到完全专注，比赛结束之后及时休息。

2. 该"放弃"时就"放弃"

很多时候，我们的效率也会被环境影响。如果周围的环境嘈杂，就需要耗费更多的精力去将自己的注意力维持在工作上面。这时可以通过一些工具，如耳机，过滤掉周围的噪声，但还是会影响你的注意力，并且你会一直担心漏掉一些重要的事情，这样一来，反而会更多地消耗一个人的精力。

当不可避免地只能在这种环境下工作时，我们不要勉强地去做一些需要很高注意力、重要的、费脑子的工作。要跟随周围环境的变化适当地调整自己的工作状态。

当周围环境很安静的时候，你应该充分利用这段时间，最大限度地投入工作。当周围的环境很嘈杂，不适合继续手中工作的时候，你应该随着周围的环境做出相应的调整，可以灵活改变一下自己的时间安排，将这段时间变为休息时间，好好放松一下，不要强迫自己继续工作下去。平时应该提前观察一下周围环境变化的规律，为我们合理安排工作计划奠定基础。

也可以先将简单的、不用花费太多智力的工作提前放在这段时间来完成，既调整了心态，也完成了任务。如果身边的同事都在探讨工作话题，那就干脆加入其中，将吵闹的环境转化为轻松的聊天。

3. 建立积极的仪式习惯，节省精力

仪式习惯是指定义明确、具有高度计划性的行为。建立积极的仪式习惯，可以帮助我们更好地管理精力和规范行为。我们要养成一些好习惯，使之成为日常行为的一部分，不需过多地思考，在潜意识中就已进行减少精力过多消耗的情况，节省精力。

试想一下，如果没有养成一些做事情的习惯，那么我们每天都需要花费大量的时间去考虑"在接下来的这段时间内，我应该做什么"等诸如此类的问题。而这种思考，通常是要耗费大量脑力和精力的。

举个例子，你有了每天上班前收拾好自己办公桌的计划，但却没有养成这样的习惯。那么你每天都会花费大量的脑细胞去提醒自己"不要忘了到公司后首先需要收拾办公桌"。这种思考其实就是对精力的一种损耗。

如果我们能够养成每天定时整理办公桌的好习惯，那么在工作之前，我们就会减少很多挣扎和思考的过程，从而把节省下来的精力更多地用在之后的工作上。

所以说，如果想要减少在思考上所花费的时间，把最宝贵的精力用在"刀刃上"，那么就多去培养一些工作和生活的好习惯吧。

> **温馨小提示**
>
> 需要注意的是，在培养自我习惯时需要循序渐进，量力而行，永远不要指望一蹴而就。比如，你打算建立一个早起工作的好习惯，以前的你常常熬夜，每晚都是过了凌晨才入睡，在培养这个早起的习惯时，如果一开始就要求自己早上六点前起床晚上十点前睡觉，那么很可能会遭遇很大的挫折。因为你想要马上调整自己的生物钟几乎是不可能的，所以你每天起床都要与内心做斗争，万一你的意志力一时薄弱了，就很容易放弃。相反地，你可以先退而求其次，在最初要求自己提早半个小时或者一个小时起床，一段时间后，再调整到更早一些时间起床，让身体逐渐适应新的生活节奏。

培养习惯和制订计划一样，应尽可能将时间、地点、行为精准化和具体化，这样在行动时不用考虑太多，照做就是了。

4. 将精力用在正确的位置

我们需要了解自己人生的内在价值观，让深层价值取向驱动我们的人生。我们追求的是用有限的精力去获得最大的价值，当我们投身于自己所追求的事业时，将获得更大的动力，精力也会更充沛，同样的精力将发挥更大的价值。

所以我们必须对自己的人生目标进行聚焦，依照我们最深层次的价值取向分配精力，专注于我们认为最重要的事情。

第八章
如何利用工作之余的八个小时领先别人

想要拥有不一样的人生？想要工作更出彩，生活更丰富？那就一定要抓住工作之余的八个小时。时间永远不会为了我们停下脚步，通过时间管理，把下班后的时间留给那些值得做的事，才是最重要的。

带着以下疑问阅读本章

- ✍ 为什么下班后我们仍需要自律
- ✍ 你是怎么度过通勤时间的
- ✍ 晚间你会怎样利用
- ✍ 你知道早起有哪些好处吗

读完本章，你能收获什么

- ● 将通勤时间变得有意义的方法
- ● 晚间如何提升自我
- ● 早起的好处和方法

第一节　下班后，攻克高效的自律人生

工作之余的时间应该怎么利用，这对于很多人来说都是一道难以攻克的难题。很多人感觉下班之后时间就像坐云霄飞车一样快，自己什么事都没做时间就突然消失了。由此可见，下班后我们仍需要自律，这样才能获得更多的自由时间。

一、自律的人更自由

我们经常听到一句话:"自律的人更自由"。如果想要拥有更多属于自己的时间，就需要更自律。

自律，也就是自我约束，要有自己的一套原则，对生活中的每件事都有一个内心的评判标准。那些有着很严重的拖延症的人，他们对眼前堆积的事情的评级肯定是不高的，因此常常缺乏自律的能力。

要想增加自己的自律能力，首先要对自己有个清楚的认识，了解自己面对一件事的态度的根本原因是什么，才能对症下药。例如，面对手中的工作，先思考一下做与不做会有什么后果，对自己是好是坏。如果真的是没有意义的事，那就坚决不做。反之，有好处或者不做会产生不好影响的事，如果是在能力范围内那就一气呵成地做完；如果有困难，那就稍作尝试，找到问题的关键点，寻求适当的帮助来解决。

自律不是每个人天生自带的技能，它和从小的性格培养有着密不可分的联系。因此，我们可以慢慢培养我们的自律能力。

很多人都能意识到工作外的八个小时是决定和同龄人差距的关键因素，所以他们在工作之余会培养兴趣爱好、学习新技能。可更多的人是三天打鱼两天晒网，总是开始得快，放弃得也快，就是摆脱不了拖延症……

的确，大多数人每天在外工作至少八个小时，下班回家已经筋疲力尽，不是倒头就睡，就是躺在沙发上玩手机、看电视。

但是，总是有些人就算白天工作十个小时，下班后还能继续好好管理自己的时间，人与人的差距就这样慢慢被拉开了。他们懂得好好管理自己的非工作时间，既能获得进步与提高，又能拥有更多属于自己自由支配的时间。通过自律，他们更自由了。

二、为什么下班后我们仍需要自律

当然，在工作时间，我们能得到自我增值，这是毫无疑问的。我们可以提高专业技术，积累经验，提升与人打交道的能力，变得更勤奋和有自信……所有的职场人士都在职场努力打拼着。而下班后的时间，更能让我们从各个方面提升自己。

在工作之余的八个小时里，我们可以通过管理自己的时间来做哪些方面的提升？

1. 身体素质

健康是一个人完成任何目标的基础，没有好的身体就没有好的精力。我们可以利用下班后的晚间或周末，抑或是每天早上，在家里、户外或是健身房里好好锻炼自己的身体。平常也要注意劳逸结合，预防疾病。

2. 专业技能

专业能力是核心竞争力，除了在工作时间外，下班后也应该继续学习。我们可以通过书本自学新知识，或者在网上学习视频课程，还可以考取各种专业证书等。

3. 阅读能力

提高提炼有效信息的速度，根据自身的需要，对与自己职业有关的领域和平时有兴趣的专题进行有选择性的阅读。

4. 学习能力

学习能力是其他很多能力的基础，而且是可以通过后天培养的。我们通常提倡终身学习是很有道理的，随着时代的发展，特别是面对一些新领域，只有不断学习才不会被淘汰。

5. 写作能力

对于很多工作和平时的社交生活来说，写作能力能使你添砖加瓦，能让你更加妥帖地将自己的想法用文字表达出来。

6. 时间管理

提高对时间的敏感性与对自身计划的掌控能力。时间管理的能力也是需要我们在日常生活中不断实践、运用、研究的，要想掌握时间，就要有规划地利用时间。

7. 独立思考

培养批判性思维，看待问题不被权威左右，保持思维的独立性，拥有自己的战略思维。在当代社会，独立思考能力的重要性不断增加。因为要想创新，就需要我们用自己的头脑去思考，发挥自己的主观能动性，一味地依赖别人是不可取的。

8. 知识管理

能将大量相关资料整理成知识框架，并与他人分享。知识管理能力是学习能力的一种。

9. 人际沟通

多认识不同的人，从而了解自己的长处与弱点。人是社会中的一员，我们互相都是对方的镜子，只有在适当的人际交往中才能更好地认识自己，毕竟"没有人是一座孤岛"。

10. 谈判能力

掌握谈判技巧，达到谈判预期目的。这在很多实际工作中都是必需的。

11. 项目统筹能力

在现有的资源下，通过委任和监督完成项目，这也是工作能力的一种。

12. 演讲演示能力

能在关键场合将自己想表达的内容表达清楚，达到预期效果。很多的创意与想法只有通过说才能传达出去，演讲能力也是可以后天习得的。

下班后的自律能让加速我们的成长，但也要注意保证充足的睡眠和休息。在学习番茄工作法后，要开始合理规划自己工作之余的八个小时。

第二节 通勤时间如何利用番茄时钟

当我们无法避免问题时，我们只能使事情朝着有利于我们的方向去发展。千万不要放弃上下班的通勤时间，要使它变得有意义，并成为番茄时钟的一部分。

一、通勤时间长是一种什么感受

通勤时间长，是大多数职场人士需要面临的现实问题，尤其是当你选择留在一线城市打拼时，由于住房带来的经济压力，最后不得不选择增加通勤时间来节约生活成本。于是，你可能每天起早贪黑地穿梭在城

市中,花费一两个小时奔波在住所和公司两个"定点"之间。因为它不可避免,所以我们只能做出改变,努力去适应它。不管每天耗费在路上的时间有多长,我们都可以把这段时间变得更有意义。

小林大学毕业后独自一人来到某一线城市打拼,他工作的单位位于市中心,和他住的地方相距很远。通勤时间长给小林带来的主要有两方面压力。

一是起得要早。每天小林六点半就准时起床了。然后洗漱、吃早饭,之后还有一些预留时间,会给自己安排当天的工作计划,或者看看书,简单地进行锻炼。七点半小林去搭乘地铁,一般会提前 15 分钟到达公司,给自己留出一些应急时间。

二是天都黑了还在公共交通工具上。如果需要加班,那小林到家时可能已经很晚了,根本没什么时间去休息或学习。

通勤时间长可能会造成以下后果。

(1)放弃早餐时间或晚饭时间。

(2)早晚合计花费 2~4 个小时在路上,如果选择手机/电子书/纸质书/游戏机等打发时间,则会大大降低一天的时间利用率。

(3)可供自我支配时间缩短,可能会造成利用工作时间去处理私事,导致注意力不集中。

二、把通勤时间变得有意义的方法

1. 提前制订计划,把通勤时间纳入番茄时间中

利用好通勤时间的第一要义就是要正视它、看重它,把它纳入你的时间规划中。我们通常只会用番茄工作法去利用好我们的工作时间,但其实它还可以规划我们的其他时间,特别是当通勤时间较长时,如果使用番茄工作法,会大大提高其利用率。

我们可以提前做一个较长时间的规划，如把通勤时间纳入番茄时钟中，将查看邮件的工作安排分配到这段时间。当我们坐上公共交通工具以后，就可以利用手机阅读邮件，并将邮件分类，甚至可以做简单的回复。

在车上的这段时间也可以设置番茄时钟，用闹钟提醒自己，每 25 分钟休息一次，在车上放空自己，看看窗外的景色。

2. 戴上耳机，隔离周边的嘈杂，给自己一个好的状态

有很多人都会选择在公交车或者地铁上戴上耳机，因为公共交通工具上总是难免嘈杂。但如果你想更好地利用上下班路上的时间，那么你可以在听上"大做文章"。

通勤时间有一个多小时的小林就选择以这种方式让自己多一些可供自己支配的时间。小林先确定好每天搭乘公共交通工具的时间，基本上每天早晚乘坐地铁的时间都是固定的。这样做的好处就是，不容易显得匆匆忙忙，能有更多的时间让自己从个人生活状态转换为工作的状态；而且经过多次乘坐便可得知这班车的基本情况。例如，哪个时间点地铁上不会过度拥挤，哪个站点上车人数特别多，哪个站点下车人数多，在哪个时间点可能会有空位。这样一来，小林就能根据实际情况作出预估和调整，能更加合理地安排一个多小时的通勤时间。

一旦坚持下来，小林每天就多出了至少三个小时的自由支配时间，他感觉自己"赚到了"。

小林是这样利用耳机的：他提前给自己制订两个收听单，一个是音乐集，另一个是知识系列。如果他在早晨起床时感到状态欠佳，就会选择先听一会儿音乐。音乐多以轻缓的计算机音乐为主，这样不仅可以平复焦虑的心情，有利于在到达公司前调整状态，保持当天的工作效率；而且还会使小林进入类似计算机的休眠模式，补充能量。

多数的时间小林会利用手机 APP 收听一些和工作内容相关的课程或与个人兴趣相关的栏目。

比如，近期小林要参加会计方面的资格考试，他就可以提前下载好相关课程，在地铁上看一看或听一听。如果小林对历史感兴趣，他也可以选择一档历史节目在这个时段收听，以丰富自己的见闻和知识。

在收听之前建议提前制订计划，这样可以保持收听一档完整的节目。例如，小林安排先听十分钟的轻音乐舒缓一下，之后再听一档节目。当一档节目全部听完时再开始下一档，听完后还有多余的时间可以再听听音乐来放松。

3. 学习外语的好时机

你是否也有过希望提升自己外语技能的愿望和打算，却苦于拿不出时间来实践它，一直拖延下去。

其实，上下班的漫漫长路可以成为你进阶外语的绝佳之路。你可以用现在市面上各种背单词学外语的手机 APP 来学习外语单词，也可以下载 TED 演讲来学习并提高英语听力能力和获得各方面知识。

4. 思考或者仅仅观察身边的形形色色

有时候我们实在太疲惫了，那么为了之后在正常的工作时间能够有充沛的精力，千万别勉强自己，停下快节奏的脚步，思考或观察一下这个城市吧。想一想自己的工作规划，给自己的一天作一个简要的设想，问问自己为什么努力，看看周围那些正在为生活而努力奋斗的人。这也能使这段不易的时光变得有意义。

当然，除了以上这些外，我们在通勤时间可以做的事情还有很多，取决于我们自己如何更好地利用。不过在利用通勤时间的过程中，有以下几点需要注意。

（1）通勤时间不宜太长，我们应该尽可能缩短它，毕竟在拥挤的公共交通工具上学习、工作的效率肯定比不上在安静的环境中效率高。太长的通勤时间，不但占据了你的可自由支配时间，而且很容易影响你对工作的积极性和满意度。

（2）长期坚持利用通勤时间更需要的是个人的坚持和意志，掌握了方法后还需要我们去身体力行来配合。

（3）早晨的通勤时间是生活向工作转换的过程，利用好早上的时间，能帮助你提高一天的工作效率，这段时间我们更应该重视起来。

第三节　晚间是自我提升的绝佳时机

一、晚间做点什么好

对于一般的上班族来说，工作时间都是比较固定的，工作日的白天都是在公司上班。因此，晚间的那几个小时就显得弥足珍贵。

劳累了一天，如果在正常的工作时间使用了番茄时钟高效地完成了任务，最好就不要再加班了。这段时间，你可以使它美妙起来，休息恢复精力、学习自我提升或适当的娱乐。我们要学会利用这段时间。

拉开人与人之间的距离除了正常的工作时间，最重要的就是如何利用休息时间。缺少时间管理和自律力的人，都习惯性地下班一回家蹬掉鞋子、点外卖、追剧、上网、躺沙发、玩手机……等到了凌晨才躺下睡觉。

那些下班后学习各种技能、参加培训、坚持锻炼和阅读、研究个人品牌的人，每天活得更有精神、更有动力。因为他们相信：下班后把时间投入在什么地方，自己就会成为什么样的人，只要坚持一件或几件小事，假以时日，必成大器。

1. 给自己一个恢复缓冲的时间

刚刚下班回到家，不需要立刻就拿起书本学习，最好给自己一个适应和缓冲期。毕竟已经工作了一整天，体力和脑力都会有或多或少的疲

乏感。

可以先享用美味的晚餐，之后适当放松一下，调整好状态，才能够更容易地进入高效学习状态。不过如果打算晚间学习，就千万不要看电视剧了，否则很容易被其偷走时间。

2. 像平常工作一样，使想法变成清单

提前把你打算做的事列在清单上，用很直观的方式写出来，摆在最显眼的位置，时时提醒自己当天还有任务没有完成。

与工作时间一样，如果计划利用晚间来学习提高，也需要把学习任务制作成"活动清单"。

活动清单

清单制作好之后，就可以按照番茄工作法的具体流程来学习了。

二、关于学习的小建议

在开始自我提高之前，有以下两点需要注意，否则可能会走进误区。

1. 学习资源不等于学习

有些人非常热衷于下载各种学习资源，如电子书、视频教程、工具软件等。拥有了这些资源，就好像成了学习能手，甚至会花上几个小时去网上寻找资源。但下载了的资源并不是你学习的成果。

重要的是你的脑子里有什么，而不是你的硬盘里有什么，其实很多资源你都用不到，它们只会增加计算机的存储空间。

花时间去下载你真正需要资源，才能极大提升资源的利用率。下载一堆资料却没好好利用的负罪感也会越来越少。

2. 注意留出时间回顾学习成果

在每天学习结束后，应当花上几分钟时间，在大脑里简单回顾一下这个时间段完成的学习任务。这样一来，学习的进展才会变得明确，才能更有针对性地调整任务。千万别为了节约这一点时间，而失去更多。

 ## 第四节　改变清晨，改变人生

一、早起的力量

对自己的人生不满意，想要做出一些改变，可以先从早起开始。

在你下决心要早起之前，可以先看看这两个故事，来激励一下自己。

已经宣布退休的香港首富，90 岁的李嘉诚，早年接受电视台访问时曾表示，不管他何时入睡、多晚入睡，第二天一定要在早上 5 点 59 分起床，然后开始他的每日惯例——收听英语新闻。

苹果公司的 CEO 蒂姆·库克每天会于凌晨 4 点半开始收发送邮件，然后去健身房锻炼一段时间，之后再正式开始工作。在一次接受采访时，

库克表示自己每天都是第一个到达办公室的人,也是最后一个离开的人,并为此而感到自豪。

早起的人生将更有力量。从生理上来看,早睡早起对于我们的身体大有益处。2017年诺贝尔生理学或医学奖研究的主题就是人体的生物钟。研究结果表明:当我们的生活方式总和身体内部的"计时器"作对时,患上各类疾病的风险就可能会增高。如果顺应身体的生物钟,早睡早起,规律作息,身体的免疫力就会增强,生病的风险就会降低。

此外,根据中医学多年的研究,人的身体会在每天24小时的不同时段由不同器官来执行不同的功能,如一般21点至23点是人体免疫系统休息与滤毒的时间;之后将分别进入胆和肝的排毒时间,这段时间要我们处于熟睡的状态中才能进行;而到了凌晨3点,肺脏就开始进行排毒活动了。

但除此以外,早起的好处还有很多,它可以使我们的精力更加充沛,工作时间中更有活力,不会整天没精打采,在很大程度上决定了我们一天的精神状态。如果你想给自己一些早起理由,可以这样劝说自己。

(1)工作日早起,上班之前的时间就会比较充足,避免了因时间不足带来的精神压力,不会因慌张忘记很多重要的事。此外,可以留出充足的时间享用早餐,毕竟长期不吃早餐会对身体有极大的损伤。

(2)给大脑留一个充分的"预热"期,能充分发挥其工作效率,进而确保工作的顺利完成。如果你比别人早起一个小时,你的一天就能比别人多做很多事情,而且很可能会更高效。如果在周末你也能早起,就可以早起吃早餐、锻炼身体、读书。当你把早上的时间充分利用起来后,会发现你的周末比别人更有意义。

(3)使自己与人体生物钟同步,身体健康才能保证精力充沛。早起和早睡是一体的,只有作息时间正常,到了晚间身体才会进行排毒和休养,第二天人就会充满活力,保持良好的精神状态,形成一种良性循环,每天都容光焕发。

二、大好清晨可以用来做什么

很多人都立过自己要早起的誓言，其中一些有毅力的人也确实做到了早起，但是没有仔细想过早起可以做什么，白白浪费了早晨这段宝贵的时光。

1. 享受早餐

在工作日如果你起床太晚，很可能就会牺牲掉你的早餐。早餐是一天中的第一顿饭，也是一天当中最重要的一顿饭，一旦你放弃它，那么从上午开始你的身体将会始终处于饥饿状态，直到午餐时间。而一旦你早起，你将有充足的时间准备早餐，既帮助你增加精力，也将增强你生活的仪式感和幸福感。

2. 锻炼身体

当然，除了清晨以外，还有其他的时间可以用来锻炼，但是早上的时间比较固定，一般不会因为一些突发情况而打乱自己的节奏。适当的锻炼也能帮助你获得一个健康的身体。

3. 提高效率

对于我们大多数人来说，早上是一天当中效率最高的一段时间。你可以将一些事情放到早上来处理，还能够完成许多其他事情。这样一来，你就可以在天黑前完成一天所有的工作，便可以和家人一起共度这美好的晚间时光。

4. 制订计划清单，为完成番茄工作法做准备

列清单可能仅仅需要 10 分钟，而这 10 分钟带给一个人的改变是巨大的。我们在使用番茄工作法前就制作了清晰明了的清单，在使用时也

将更加得心应手。有计划的人目标会更加明确,一个简单的计划清单能让自己对当天将要发生的事情有一个初步的了解,知道自己当天该做什么,不该做什么,这是番茄工作法的第一个阶段。

5. 阅读

我们常常埋怨自己每天忙于工作,找不出时间来阅读,其实早上是阅读的大好时光。因为这段时间很安静,我们可以在书香中陶冶自己,学习一些新知识或阅读一些自己感兴趣的书籍。

6. 提前处理工作

早晨起来确立了一天的计划,趁早晨干扰项少,集中精力把当天某一项重要工作做完,可以起到事半功倍的效果。而且这样一来,我们的工作节奏也比别人加快了,更容易变得自信。

> **温馨小提示** 早起还能够错开早高峰的时间,不必在拥挤不堪的公交车或地铁上煎熬,也为自己节省不少通勤时间。利用这段时间把自己的办公桌收拾一下,营造一个良好的工作环境,也可以提前开始工作,开启一天的高效人生。

三、帮助你早起的小妙招

1. 生物钟养成法

很多时候我们做不到早起就是因为睡眠不足,如果不能早睡,即使早起了也会没有精神浑浑噩噩度过一天,所以保证充足的睡眠是非常有必要的。我们想要早起,一个最传统的方法就是用早睡来进行倒逼。

有时候我们明明没有什么重要的事却偏偏要熬夜，然后由于晚上熬夜睡眠时间不够，导致没有精力早起。于是算好从家里到单位的时间，能多睡一秒是一秒。

我们只有平时养成良好的生活作息习惯，才能够毫不费力地早起，获得高效的一天。

2. 心理暗示法

你是否想过为什么要早起？很多朋友以为早起就可以了，其实早起做了什么才是关键。我们可以想象一下早起可以使我们获得什么，给自己的早起赋予一个"神圣"的意义吧，通过心理暗示给自己带来动力。

3. 寻求监督法

一个人早起真的很难坚持，不少人都有过这样的经历，只坚持了几天身体还没有形成固定的生物钟就放弃了，或者一到了周末就放肆地睡到中午，最后也半途而废。

在培养早起习惯的道路上，你可以寻找伙伴一起来完成，互相监督、互相鼓励，也可以加入一些早起打卡团队，通过一些奖惩机制来鼓励自己。很多时候不要太信任自己的意志力，缺少了监督的我们很容易产生懈怠的心理，所以这个时候就需要利用一些外部的压力来督促自己，提醒自己。

4. 奖励自己

与目标管理法相同，把坚持早起当作自己的一个目标，如果某个月每天都做到了早起，就买一个自己喜欢的礼物奖励自己，给自己更多的动力。

如果没有做到，也不用过度地自责，或者给自己太大的压力，偶尔的一次"缺席"不会给你造成太大的损害，不要因为一次失败就产生懈怠，而是要通过总结反思继续培养早起的好习惯。

第九章 番茄工作法的职场实用指南

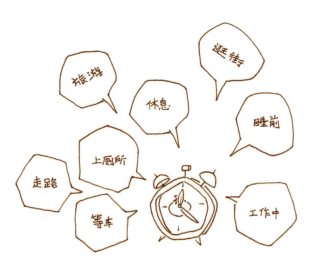

"适合自己的才是最好的"，番茄工作法的具体实施当然也会因人而异，我们在使用过程中需要不断地进行调整，从而打造属于自己的番茄时钟。

　　本章将给大家呈现在职场中使用番茄工作法的一些案例和心得体会，帮助大家找到适合自己的方法。

带着以下疑问阅读本章

- 番茄工作法适用于哪些职业
- 这些职业的从业人员应该如何使用番茄工作法

读完本章，你能收获什么

- 行政／人力资源从业者使用番茄工作法的方法
- IT从业者使用番茄工作法的方法
- 财务管理／会计从业者使用番茄工作法的方法
- 自由职业者使用番茄工作法的方法
- 其他职业使用番茄工作法的方法

第一节 行政/人力资源从业者的使用指南

过去,行政工作和人力资源工作往往背负"琐碎""打杂"的污名,一些人认为行政、人力资源工作只是简单的后勤工作,不需要太多精力就可以做好。实际上,看似流程枯燥、刻板的行政工作,也有很深的内涵,而不仅仅是"打杂"。

一、行政/人力资源从业者的工作职责繁杂

对行政从业者而言,他们不仅需要负责办公室的全部工作,还要辅助公司领导完成各项日常事务。

下面是行政从业者的一小部分工作内容。

(1)协助公司领导监督、检查各项管理制度及会议决定的执行情况。

(2)协助总经理处理公司日常事务及配套服务和协调处理工作。

(3)负责公司定期和年度考核的组织实施工作。

(4)负责对外签订的各类合同文稿的审核工作。

(5)负责公司内外的接待、来访和协调工作,对提出的问题和意见及时进行解决或上报有关领导。

(6)负责审核公司各部门的相关文件。

(7)负责综合性公文的传递、传达、催办与检查。

(8)负责处理职工奖惩事宜。

(9)负责组织全公司各类人员的考核、监察工作。

(10)负责组织人事档案的定期审查和整理工作。

行政从业者需要负责的工作内容确实"多而杂",但并不是不重要,很多行政从业者也面临巨大的工作压力,经常加班。特别是任务一多,很容易出现顾此失彼的情况,如将紧急任务落下,忙了一天也没完成几

项工作。

所以，对于行政或是人力资源从业者，番茄工作法是一种很有效的辅助方法，可以帮助他们提升工作效率，更高质量地完成工作。

二、利用番茄工作法提高工作效率

阿雅是某公司的一名行政人员，她从事行政工作已经好几年了，虽然对工作逐渐得心应手起来，但还是常常感觉时间不够用，甚至有一些力不从心。一位前辈给她介绍了番茄工作法，她在慢慢地摸索中学会了制订适合自己的番茄时钟，更有效地管理了自己的时间，减少了时间的浪费，进而有更多的自由时间去学习、提高，最终凭借自身的努力成功晋升为公司的行政主管。

我们来看看阿雅作为一名行政人员是如何使用番茄工作法的，人力资源从业者也同样可以作为参考。

阿雅近期的活动清单

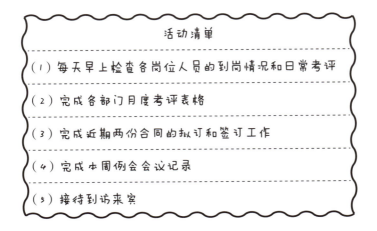

阿雅在近期某天的今日计划

今日计划

工作1：检查各岗位人员的到岗情况，并进行日常事务考评

工作2：召开例会，完成会议记录和报告

工作3：起草与XX公司的合同并交领导审核

备注："○"表示番茄时钟数量，"√"表示完成工作，"/"表示中断次数。

下面我们可以从阿雅使用番茄工作法的过程中了解行政/人力资源从业者使用番茄工作法的方法。

第一步：制作清单。根据近期的工作进程和工作任务，制订近期"活动清单"，并从中挑选出当天要完成的工作，写在"今日计划"的清单上。"活动清单"可以根据实际情况灵活增减。

第二步：具体实施。按照第三章介绍的具体方法使用番茄工作法，也就是将工作时间划分为多个时间段——设定番茄时钟。工作25分钟然后休息5分钟，一直完成4次后休息30分钟，之后又从第一个25分钟开始重新循环，直到完成所有任务。

需要注意的是，行政工作中会遇到很多突发情况，有很多紧急任务需要立即处理，所以"今日计划"中内容不宜过多，可以预留一些时间给领导布置的紧急任务。

因为平时会突然增加很多紧急任务且需要马上完成，阿雅就在清单的每两项任务中间都预留一个番茄时钟给紧急任务，所以阿雅在具体实施后"今日计划"变为下表的形式。

阿雅实施番茄时钟的今日计划表

今日计划
工作1：检查各岗位人员的到岗情况，并进行日常事务考评 ○○○√//
处理紧急事务：发邮件、接听电话
工作2：召开例会，完成会议记录和报告 ○○√///
处理紧急事务：外出拿快递
工作3：起草与XX公司的合同并交领导审核 ○√
备注："○"表示番茄时钟数量，"√"表示完成工作，"/"表示中断次数。

第三步：记录与统计。拿出之前制作好的"记录表"，对当天工作的原始数据进行记录与统计。

阿雅的记录表

时间：6月1日

编号	中断次数
工作1：	2次
工作2：	处理紧急事务
工作3：	3次
工作4：	处理紧急事务
工作5：	0次
合计	5次

第四步：可视化。阿雅会定期将记录表格转化为适合自己的图表。

总之，即使行政工作负责的项目多，也千万别怕麻烦，使用番茄工作法可以使你的工作更有条理，像阿雅一样安排好你的工作，相信你也能像她一样走上升职之路。

第二节 IT从业者使用番茄工作法的技巧

IT（Information Technology）即信息技术。随着现代科学技术的不断发展，IT行业是当今发展最迅速、前景最广阔的行业之一。但IT从业者也因此面临巨大的压力。

时间对于IT从业者来说几乎是永远不够用的，他们一直在与时间赛跑，每日披星戴月、早出晚归。因为负责的工作内容专业性强、难度大，很多IT从业者都会在工作中感到不同程度的焦虑。我们使用番茄工作法就是要提高效率，获取更多的自由时间，以减少压力和焦虑感。

小D就是一名我们俗称的"IT男"，从事软件的开发与维护工作。他感觉自己每天都面临着巨大的压力，常常加班到凌晨，但效率仍旧不高。幸好小D在网上了解到番茄工作法，并且经过学习和实践，成功地将它运用到日常工作中。

一、适合IT从业者使用番茄工作法的技巧

对于像小D一样的IT从业者，在使用番茄工作法时有哪些技巧可以使用呢？下面是小D的"活动清单"。

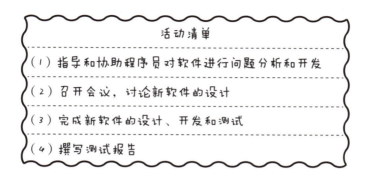

小 D 的活动清单

（1）从小 D 的"活动清单"中可以看出，他的工作因内容的专业性需要极高的专注度，在做数据处理和程序设计、维护等工作时不宜被打断，需要长时间保持一条思维主线，打断后重新整理这条主线则会需要花费更多精力和时间。

因此，可以把番茄时钟的"25 分钟"灵活改为更长的时间，如"60 分钟"；或在完成两个"25 分钟"的番茄时间后再休息"10 分钟"。这样一个工作周期较长，更有利于思维的连续性，效率才会更高。番茄时钟因人而异，要懂得变通。

（2）IT 工作需要大量用脑，会耗费很多精力。因此，可以将难度较大的任务和轻松简单的任务交替进行，避免过度用脑、影响效率。

此外，在休息时间要自然地放松，不要去思考任何关于工作的事，以便让大脑得到休息。

二、IT 从业者是如何使用番茄工作法的

下面可以从小 D 使用番茄工作法的过程中了解 IT 从业者使用番茄工作法的奥秘。

第一步：制作清单。小 D 将"活动清单"（见上文）制作好后，从中

挑选出当天要执行的项目，完成"今日计划"。

小D的今日计划表

```
今日计划
工作1：检查软件运行情况
工作2：查看用户反馈
工作3：开会讨论新软件的设计工作
工作4：完成会议记录
备注："○"表示番茄时钟数量，"√"表示完成工作，"/"表示中断次数。
```

第二步：具体实施。使用番茄工作法进行工作。小D先使用一个番茄时钟完成了第一项工作，并继续进行第二项工作。但第三项工作需要较长的时间才能完成，因此他将第三个番茄时钟设定为"60分钟"，并且在计划清单上注明。完成工作后他的清单如下表所示。

完成工作后的清单

```
今日计划
工作1：检查软件运行状况 ○√ / /
工作2：查看用户反馈 ○○√
工作3：开会讨论新软件的设计工作 ○○√ / / /
工作4：完成会议记录 ○√
备注：工作3的番茄时钟时间设定为"60分钟"，"○"表示番茄时钟数量，"√"表示完成工作，"/"表示中断次数。
```

第三步：记录与统计。在完成所有计划工作后，小 D 进行了记录与统计，如下表所示。

小 D 的记录表

时间：3月18日

编号	中断次数
工作1：	2次
工作2：	1次
工作3：	3次
工作4：	0次
合计	6次

在可视化后小 D 就完成了使用番茄工作法的所有步骤。IT 从业者甚至其他职业从业者在使用时要注意根据自己的具体情况作出调整，才能使番茄工作法变成适合自己的方法。

第三节 会计与财务管理从业者也需要番茄时钟

财务管理和会计工作主要涉及货币资金核算、往来结算、工资核算、货币资金收支的监督等。

以下是会计从业者的部分日常工作内容。

（1）货币资金的收支与记录：做好现金收付的核算；做好银行存款的收付核算；认真登记日记账，保证日清月结；保管库存现金和有价证

券；保管有关印章；登记或注销支票复核收入凭证；办理销售结算等。

（2）结算往来：办理往来结算，建立清算制度；管理企业的备用金；核算其他往来款项，防止坏账损失等。

（3）工资核算：执行工资计划，监督工资使用；审核工资单据，发放工资奖金；负责工资核算，提供工资数据。

（4）货币资金收支的监督。

下面将从一名资深会计老段的一天来看看他是怎么把番茄工作法运用到工作中的。老段的近期"活动清单"如下表所示。

老段近期的活动清单

活动清单
(1) 收集整理近期清单、收据、发票，并交领导审核
(2) 核算本月员工工资表并上交
(3) 检查各款项是否到位
(4) 办理近期结算
(5) 核对本周账目
(6) 完成领导安排的财务分析报表

第一步：制作清单。早起后老段像往常一样从"活动清单"中挑选出当天要完成的任务，并整理好表格。来到办公室还没到上班时间，老段继续完善计划表格，之后整理好办公桌，准备进入工作状态。

老段的今日计划表

```
今日计划
─────────────────────────────
工作1：收集整理清单、收据和发票
─────────────────────────────
工作2：核对本周账目
─────────────────────────────
工作3：核算本月员工工资表，并交领导审核
─────────────────────────────
工作4：检查各款项是否到位
─────────────────────────────
备注："○"表示番茄时钟数量，"√"表示完成工作，"/"表示中断次数。
```

第二步：具体实施。定好第一个"25分钟"，老段开始完成清单上的第一项任务，由于这项任务比较简单，所以没有出现中断的情况，仅花费两个番茄时钟就完成了。

在短暂休息了5分钟后，老段继续完成第二项任务，虽然有中断的情况但最后还是顺利完成了。

之后完成了第三项、第四项任务。并将情况填写在"今日计划"上。

老段完成的任务清单

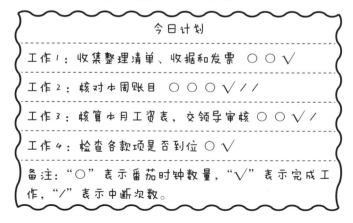

```
今日计划
─────────────────────────────
工作1：收集整理清单、收据和发票 ○○√
─────────────────────────────
工作2：核对本周账目 ○○○√//
─────────────────────────────
工作3：核算本月工资表，交领导审核 ○○√/
─────────────────────────────
工作4：检查各款项是否到位 ○√
─────────────────────────────
备注："○"表示番茄时钟数量，"√"表示完成工作，"/"表示中断次数。
```

第三步：记录与统计。下班后，老段照例将数据放在了记录表里，并定期转化成图表。

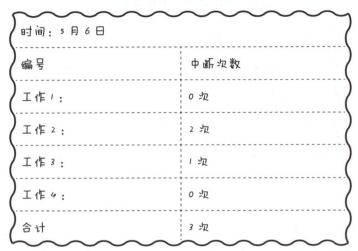

老段的记录表

时间：5月6日	
编号	中断次数
工作1：	0次
工作2：	2次
工作3：	1次
工作4：	0次
合计	3次

会计与财务管理从业者每天都需要和无数的数据打交道，任何一个数字的错误都会造成巨大的损失，因此需要很强的专注力和认真的工作态度。

番茄工作法能够帮助会计与财务管理从业者更加专注于手中的工作，因此非常适合他们使用。在使用了番茄工作法后，老段发现自己的工作效率越来越高了，而且记录表上的中断次数也在渐渐减少。

第四节　自由职业者同样可以使用番茄工作法

自由职业者可以使用番茄时钟来有效管理自己的时间吗？

答案当然是肯定的。作为一名自由职业者，工作时间更加灵活，但

第九章 番茄工作法的职场实用指南

缺少有效的外部监督，稍微一松懈可能就会造成时间的大量浪费。因此，自由职业者也可以采用番茄工作法来合理规划自己的时间，并完成任务。

自由职业者是现在很多年轻人向往的状态，但自由是建立在自律的基础上的。下面是自由职业者小慧的一天。

> 7:30　　　　　起床
> 7:30-8:30　　读书、学习
> 8:30-9:00　　洗漱、吃早饭，准备开始工作
> 9:00-10:00　　完成工作计划，回复邮件，查看微信公众号和读者留言
> 10:00-12:00　 文案撰写
> 12:00-12:30　 浏览和处理消息
> 12:30-14:00　 午餐及午休
> 14:00-15:00　 上网收集信息；完成新方案
> 15:00-17:00　 去合作公司办公室开会，商讨合作事宜
> 17:00-19:00　 吃晚饭，回复信息和未接来电，并稍作休息
> 19:00-20:30　 继续完成文案
> 20:40-22:30　 参加网上培训课程

成为一名自由职业者后，小慧可以按照自己的意愿来安排时间，可利用的时间十分灵活。但是没过多久她就发现自己存在一个很大的问题，那就是经常陷入时间黑洞，不能专注于工作。

番茄工作法是一个使我们工作更加专心的利器，小慧使用后发现自己的工作效率突飞猛进，并有了质的变化。不仅是在工作上，甚至是在

生活上她都会使用番茄工作法。

下表是小慧根据近期的工作任务和生活重心,完成的"活动清单"。

小慧的活动清单

在工作之前,她先将当天要做的从"活动清单"中挑选出来放入"今日计划"。

小慧的今日计划表

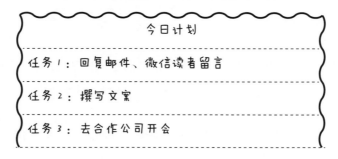

续表

```
今日计划
任务4：参加每日培训
任务5：通知朋友聚会时间
备注："○"表示番茄时钟数量，"√"表示完成
工作，"/"表示中断次数。
```

之后小慧就开始用番茄工作法来工作了。不仅是工作任务，还有平时的自我学习与其他社交活动，她都会使用番茄工作法，并将完成情况记录在"今日计划"表上。

小慧完成任务清单

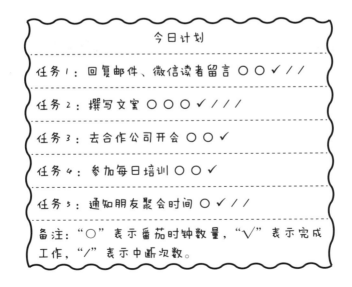

最后通过记录与统计，来对自己完成任务的情况作一个反馈。

小慧的记录表

时间：6月1日	
编号	中断次数
工作1：	2次
工作2：	3次
工作3：	0次
工作4：	0次
工作5：	2次
合计	7次

第五节 其他职场人士也可使用番茄工作法

世界上有无数种职业，它们中绝大部分都可以使用番茄工作法来完成工作。例如，销售，虽然在工作的时间和地点上都具有不确定性，但一名好的销售员，需要具备一定的市场敏感度，这是需要销售人员去调研和学习的。这时就可以使用番茄工作法，来顺利高效地完成市场的调研工作。

又如，学术研究和科研人员也能够像自由职业者一样使用番茄工作法来完成工作。使用番茄工作法可以避免浪费时间在琐事上，使自己的注意力集中在一个专业领域，专注发展自己的专业能力，将自己的长板发挥到极致，从而收获研究成果。

温馨小提示

番茄工作法不仅是职场人士的专用,还可供未踏入工作领域的人员使用。学生在学习时使用番茄工作法也会有很奇妙的效果。将"今日计划"变为"学习安排",在平时的学习中或考试复习时,都能使自己的注意力更集中,学习效率更高。

第十章
高效人生的五大日常习惯

习惯成就为工作效率

如何给自己打造一个合适的工作环境？如何不被微信、微博分散太多的注意力？如何记录自己每日的工作完成进度？

本章将给大家介绍一些高效人生的技巧，通过习惯的培养让你的生产力翻倍！

带着以下疑问阅读本章

- 你是否有好的日常习惯
- 高效人生应该培养哪些好的日常习惯

读完本章，你能收获什么

- 学会整理工作台
- 学会整理文件夹、收件箱
- 学会抵抗网络黑洞
- 学会写工作日志
- 学会每日总结

第一节　高效，从整洁舒适的工作台开始

假如你的公司里有两位年轻的实习生，小智和小强。两个人都活泼开朗，对工作也都认真勤奋。但两人的个人习惯存在一些不同之处：小智每天来到公司后都会先将办公桌收拾干净，平时工作时也会花一点时间将各种文件分门别类归放整齐，并且会将电子邮件都整理到各个目录标签下；而小强总是将用过的文件随意堆放在办公桌上，私人用品也是胡乱放在办公桌上和抽屉里，从不整理。

那么你会更愿意和谁一起工作呢？

办公桌上如果堆放着各类物品，自己平常工作时可能找不到所需物品，在这样的状态下自己的思绪可能也无法得到整理，将会影响自己的工作状态。你肯定不愿意办公桌面被各种文件资料所淹没而导致找不到所需文件；你肯定也不愿意因为桌面杂乱无章导致不小心碰翻茶杯或碰撒一地纸张的悲剧上演，或者计算机桌面放满文件而导致经常死机。而拥有整洁舒适的工作台，会让你工作起来更轻松。

办公桌上经常出现的物品

在你开始你的整理之旅前，先来看看你的办公桌上有些什么？

（1）清点你办公桌上和抽屉里的所有物品，可以的话最好列个清单出来。要注意的是，需要把同类别的物品算作一个种类，如钢笔、签字笔、圆珠笔都算在"笔"这一类别里。

（2）从这些物品里面，挑选出那些自己在工作中经常使用的东西。

（3）之后把这些物品按照使用频率来排序。每天都要使用的、几天才会用一次的、每周用一次的、每月用一次的、至今没有使用过的物品……对于至今没有用过的物品或者一年里就用一两次的物品可以扔掉或放在离自己最远的抽屉里。

（4）现在你已经对自己的办公桌上的物品，有一个整体的了解了。把你整理好的物品记录在下表中。

物品记录表

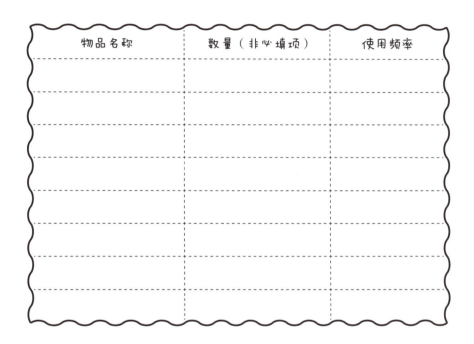

现在给大家列举一些在办公桌上存放频率比较高的物品。

办公桌上存放频率比较高的物品

物品名称	数量（非必填项）	使用频率
笔（包括所有笔）	4	每天
记事本或笔记本	2	每周三次以上

续表

物品名称	数量（非必填项）	使用频率
日程本及日历	1	每天
书	10	每周一次以上
水杯	1	每天
数据线、U盘、移动电源	3	一周一次以上
雨伞	1	一个月几次

如果我们把办公桌上会出现的所有物品进行分类，大致可以分为以下三大类。

第一类是文具类的物品。例如，我们经常会使用到的笔、笔筒、书立、记事本、曲别针、计算器等。

第二类是我们自己带来的私人物品。手机是最常用的，还有茶杯、茶包、雨伞、零食等。

第三类是文件资料等物品。书籍、杂志等纸质文件、资料都可以算在此类别里。

1. 文件资料等物品的归类

文件是我们工作中最常见的物品也是非常重要的物品，一些文件一旦丢失将会给我们和公司造成很大的损失。要想保证文件的安全性，并且促进自己高效办公，我们需要将各类文件资料建档归类，而不是一团糟地随意堆放在办公桌上。

（1）对于批示完毕的文件，一定要及时转交出去，不要堆积在自己的办公桌上，最迟下班之前务必转交出去。文件最好是收到后就立即转手或记录在自己的清单上，以免过后遗忘导致文件堆积。

（2）暂时没有用或已处理过的文件，要将其整理到书架上或档案柜里，分类别或者按照重要程度存放。用完后的文件应立刻物归原处，不要杂乱、随意地堆放在办公桌上。特别重要的文件要注意其保密性和安全性。

（3）当天需要及时处理的文件，要将其列在清单里并进行排序，整理好放在办公桌上显眼位置。已处理与未处理文件分别存放，每处理一个文件就将其从清单中删除。

（4）未处理的紧急文件最好放在自己的手边，不过要注意摆放整齐。

（5）不要将过多的文档放在计算机桌面上。新接收的文件要及时重命名和放入专门的文件夹中，否则时间一长可能就会忘记这个文件是干什么的了。此外，要及时清除计算机桌面上无用的文件，清理前先查看是否需要保存归档。

2. 办公用品和私人用品的收纳

通常公司使用的办公桌，都会带有几层抽屉，建议大家把物品都整理好放在抽屉里，只把最常用的几样放在桌面上。例如，日历、茶杯、笔筒等是可以长时间放在桌面上的。

若有三层抽屉建议将最上面的抽屉放文具类的物品，这样比较好取；中间一层放自己的私人物品；最下层的抽屉收纳文件相关的物品。

虽然我们强调要让工作台整洁舒适，但更重要的是工作台的实用性。因此，我们用抽屉式的收纳盒来收纳物品时，没有必要让它们排列得整整齐齐、一丝不苟。此时最重要的是，当需要使用某物品时，自己可以清楚地知道它在哪里，不用浪费时间到处翻找。

在整理达人看来，比起一丝不苟，在视觉上做到一目了然更为重要。即便把物品收纳得看起来井然有序，但如果不能直观地看到它，就不能立马知道它的存在，那么这样也不是整理得当的状态。而如果在我们有需要时，能够立刻拿出来需要使用的物品，在把东西放回去的时候，也能准确地放回到固定的位置，这才是整理得当。

高效的人生从整洁的工作台开始,良好的工作环境是踏向成功的第一步。

第二节 及时整理文件夹,给收件箱减负

有人说过这样一句话:"总有人会把大量的时间用在寻找信息上,这些信息往往是一些简单而又务实的问题。"在我们工作时,凌乱的文件夹、爆满的收件箱确实是我们的一大敌人。

一、有效整理文件夹的方式

整理文件夹的基本思路是,要记住每个文件应该存放的位置,而不是到处寻找每个文件存放的位置。也就是说,我们要按照一定的规律去保存文件和搜索文件。

存放文件时最好标注文件名称和类别,这会让你方便记起文件所在的文件夹。

关于文件夹,这里推荐一些分类方式。

1. 按项目

在工作时,我们进行的每个项目通常在开始和结束时都有比较明显的标志。把每个项目开始时的相关资料都结合在一起,有利于项目的顺利开展,进行项目时也可以便捷地取用资料。当项目结束时,再从头整理资料,并进行存档,下次使用时就能更有效地找到资料,而且有利于长期保存。

2. 按内容

当工作涉及的内容较多时，把相对独立的模块分成单独的文件夹，可以保证思路清晰。当查阅工作内容的某个方面时，找到对应的文件夹即可。

3. 按客户名称

如果你的工作会涉及多方客户，那么你最好用客户名称来进行分类，这样就能保证你不会将文件不小心发给其他客户，后续查找也会更加方便。

4. 按日期

按日期是我们平时工作中最常见的文件夹分类方式，这种方式不用花费太多时间去想每个文件应该放在哪里，查找也很简便。有年月日标注的文件夹，对周期性强的工作是很好的分类方式。

此外，给文件命名时一定要注意规范化，如同样类型的工作内容取名要统一，文件夹最好加上日期。平时使用电子文档时要注意备份，将文件定期备份到移动硬盘、U盘或光盘中。将资料最好及时存入专用存储设备中而不是存在计算机里，为计算机内存减负，从而避免计算机死机或运行缓慢的情况发生，也不会因为设备问题损失重要文件。

二、给收件箱减负

工作中我们会收到很多邮件，有不同人发的，有不同主题的，有系统定点发的，有跟自己无关的，还有一些就是需要自己重点处理的。每天面对几十封上百封邮件，刚开始还能够比较方便地检索和处理，但时间一长，堆积的邮件越多，越难找到自己需要的。而且看到未读邮件，有强迫症的人总是忍不住点开，哪怕不去看，也十分占用精力和时间。

对于邮件，我们应该做到快速分类和快速回复，以便给收件箱减负，也给自己减负。

1. 紧急邮件的处理

收到邮件后,对于紧急的邮件如果有时间就立即回复。如果正在使用番茄工作法,可以在"活动清单"上记录下自己需要回复的邮件,并把文件存在"待处理邮件"的文件夹中,同时给对方回邮件"我已经收到,稍后回复"。这样可以让对方知道你已经收到了邮件将会处理,避免让对方着急或再次联系你。

2. 判断邮件的阅读价值

收到邮件后,5秒钟之内判断是否有阅读价值,是否需要回复,怎么回复。千万不要过多地犹豫。

3. 不要堆积邮件

不要让收件箱堆积过多的垃圾邮件或未读邮件,这样会造成阅读障碍,从而拖慢你的工作进度。

第三节 "驯服"互联网,关闭APP中社交软件的通知栏

网络无时无刻不在分散我们的注意力。要想成为高效达人,首先你就需要适当远离网络,保持专注。

专注是全神贯注,集中精力去完成一件事。如果没有培养出好的习惯,稍微不注意就可能陷入网络黑洞。因此,我们需要内部的自觉和外部的手段相结合。在工作时,关闭APP中社交软件的通知栏,如微博、新闻客户端、微信等,可以减少一些完全没必要的注意力转移。

试想一下,前段时间你的工作遭遇了"瓶颈",当天好不容易思绪飞速流转,笔下记录着源源不断的精彩想法。突然间手机震动了,你只是

下意识地瞄了一眼，就看到屏幕上传来的推送内容：谁和谁离婚了！于是你放下手中的笔，打开了微博来看，当你看完这条新闻和评论后，你又开始看其他新闻，而时间已经不知不觉过去了 1 个小时了。而之前源源不断的灵感及高效的工作状态，也随之消失得无影无踪。

一、关闭 APP 中的推送功能

推送功能是为了方便我们及时知道信息，但它很容易吸引我们的注意力。这对于想要提高工作效率的人来说，是十分不利的。

要想拥有高效的人生，那么就需要关闭手机社交软件的推送设置，这样不仅不会造成你接不到重要电话，也可以减少你在使用番茄工作法时被推送打断的次数，当你实在需要查看信息时也能够马上查看。

二、有助于集中注意力的其他方法

美国著名的脑科学家、认知心理学家约翰·雅顿博士在他多年的观察和研究中，曾提出 7 个保持注意力的原则。通过这 7 个原则，可以帮助我们长时间保持注意力。这里将介绍其中几个原则来为我们获得高效人生助力。

1. 有节奏地呼吸

这是在生理上对自己的精神状况进行调节。有节奏地呼吸也就是腹式呼吸，它要求你缓慢地用你的腹部吸气和呼气，在呼吸的过程中，不要太用力，而要自然地吸气和呼气。不要把肺部的空气全部呼出，也不要把肺部全部用空气填满。这是一种让人的心率变慢，帮助人心平气和的好方法。

我们在工作时，很可能会遇到工作状态差、静不下心来、过度烦躁

的情况，这时候我们可以自然地深呼吸，使自己慢慢平静下来，从而逐渐把精力恢复到原来的工作状态。

2. 活在当下

我们常常沉湎于过去的哀伤或为未来而焦虑，而忽略了我们当下的感受。其实，我们应该把精力更多地放在眼前的事物上，现在都没做好，更别谈以后了。

从生物学上来看，这种专注力可以激活人大脑的前额叶皮层，通过前额叶皮层，抑制杏仁核与交感神经的过度活跃，能帮助我们提高和集中注意力。

3. 安静的环境

在我们需要专注时，外部环境对我们的影响还是挺大的。一个嘈杂的环境，肯定不如安静的环境对集中注意力更有帮助。虽然我们不能保证当我们需要专注时，时刻都处于安静、舒适的环境中，但我们还是要发挥主观能动性去营造安静的环境。

4. 放松的姿势

与安静的环境相同，我们在专注时的姿势，也会对我们的专注力造成一定影响。如果采用过于紧张的姿势，紧张的情绪就会分散我们的注意力，只有身心放松才更能保持注意力集中。当我们需要保持专注时，最好让身心处在一种自然的状态，采取一种既能有效工作，又不会造成紧张的姿势。

第四节　养成好习惯，每日写工作日志

工作日志主要是以日记的形式来记录我们日常工作的基本内容，就像船长每天记录的航行日志一样。千万别觉得写工作日志只会浪费你的时间，不论你的职业是什么，养成每日固定时间完成工作日志的习惯会有很多好处。

一、养成每日写工作日志的好处

1. 可以帮助我们快速地进行工作切换

通常情况下，我们面临的工作会不止一项，当我们正在专心致志完成手边这项工作时，很可能另一项紧急的工作会突然找上我们。如果我们去完成了需要马上完成的工作，要想重新回到完成前一项工作时的工作状态，就会比较困难。

通过工作日志，可以快速地在多项工作间进行切换，快速地重启某项已经被遗忘很久的工作，这将会减少切换工作所需花费的回顾时间。

当你想重新回到某项工作的工作状态时，就要找到进行工作切换的时间点，看看自己已经进行到了哪一步，以及接下来还需要做什么。因此，在平时自己进行工作切换时也要注意，一定要记录好工作情况。

2. 可以促进我们对工作进行全面思考

如果我们要求自己每天必须在工作日志上写点什么，那么当我们在工作日志上写作的时候，一定要进行思考和反思，这样才能有产出。工作日志的记录也是我们督促自己去多思考、多创新的一种方式。在工作的记录过程中，可以从更长的时间跨度及更高的层面对工作进行思考，

说不定会产生新的工作思路。有时候,对于困扰我们很久的问题可能就会在回忆和思考中产生新的灵感,也可能发现之前没有发现的错误。

3. 可以提供给我们进行工作复盘的有效资料

"复盘"这一术语,源于象棋比赛,是指对局完毕后,复演一遍该盘棋的记录,以检查对局中走势的优劣与得失关键。而这里我们将"复盘"这一词用在工作中,就是对当天的走势进行一次回顾和总结,从中发现问题和蛛丝马迹,并据此确立自己在第二天或者一段时间内的操作方向,及时修改计划和目标。

当需要对工作进行"复盘"时,有时候会想不起当天的情况,或者知道有错误却无法弄清错误的原因。如果我们有记录工作日志的好习惯,事情就不会那么难办。基于工作日志进行工作"复盘"是一件相当轻松的事情,可以省去工作梳理与文档整理的大量时间。

4. 可以方便我们平时的文档整理

部分工作由于在工作中会产生大量的过程文档,过了一段时间后,我们就很难从邮箱中找到所需文档。如果我们平时就将信息及时记录到工作日志里,即使过了很长时间,也可以通过有效的索引找到那些我们急需的文档。

二、工作日志的内容

工作日志有非固定的和固定的之分,每个人的工作日志应该根据具体情况来制作。一般而言,简单的日常工作日志可能包含以下内容。

(1)日期:具体到年月日即可。

(2)工作类别:可以提前将工作内容进行分类,当天标注上关键词即可。

（3）工作内容及成果：简要记录当日的工作内容、任务、完成进度等。

（4）其他：信息发出者、信息接收者、过程文档的名称等。

（5）备注：其他注意事项或心得。

工作日志表

工作日志			
时间	年 月 日		
	1	2	3
工作类别			
工作内容			
信息发出者和接收者			
文档使用情况			
备注			

温馨小提示

对于复杂的工作，工作日志的记录可以从工作及时间两个维度进行记录，如项目A在每个工作日的进展。对于那些不重要不紧急的工作，也可只记录关键信息，如果没有太多内容，一句话即可。并且要注意的是，在记录工作日志的同时，按需要对重要的文档进行归类、整理，并进行规范化命名。这样可以在以后需要用文档的时候，能够方便地找到。

第五节　睡觉前，回顾你的一天

人的记忆是有限的，如果我们不加以回顾，很容易就陷入遗忘的状态。因此，我们需要回顾，定时回顾能够帮助我们做事不会半途而废。

一、回顾的意义

回顾，就是回忆一遍当天所经历的事情，并对此进行反思和反馈，从而可以发现问题，找到对策，提出解决方案。

回顾让我们的行为产生正反馈。我们回顾自己的一天，可以从中找到自己的闪光点、找到自己生活的意义所在。这些都会使我们身心愉悦，产生满足感，让我们有更多的激情去朝着我们想要成为的方向努力。

回顾更多的是让我们发现问题、反思自我，可以反馈当天是否有了进步，或者发现当天可能的退步。要想完成自己的目标，就需要持续地朝着自己的计划和目标去努力。通过回顾的反馈，就能够知道自己是否正在追寻梦想的道路上前进，如果没有，我们就会思考原因何在，又应该怎样才能做到。

二、回顾的内容

1. 工作上

对自己工作方面的回顾其实在你写工作日志时就已经做到了。但如果你没有写工作日志的习惯，那么你应该在每晚的固定时间，如睡前进行回顾。内容包括：你当天做了哪些工作，是否完成了你所有的计划，没有全部完成的完成进度如何，得到了怎样的评价和收获等。

2. 其他

还可以通过回顾其他的一些事情，如最难过的事情、最需要反思的事情、最开心的事情、最重要的事情等，以此来对自己进行反思和鼓励。

 番茄工作法，你真的懂了吗

一、选择题

1. （　　）是制定目标时可能会出现的误区。

A. 总是根据自己现有的能力来确立目标

B. 将没有量化、突然产生的想法当成目标

C. 只去制定容易实现的目标

D. 以上都是

2. （　　）不是清单控们喜欢使用的清单工具。

A. 便利贴

B. 墙纸

C. 日历

D. 清单类手机 APP

3. （　　）是保持精力的方法。

A. 在工作时工作，在休息时也工作

B. 该"放弃"时不"放弃"

C. 建立积极的仪式习惯，节省精力

D. 以上都是

4. （　　）不是高效人生应该有的日常习惯。

A. 拥有整洁的工作环境

B. 随时打开 APP 中社交软件的通知栏

C. 每日写工作日志

D. 睡前作定期回顾

二、简答题

    1. 如何理解"SMART"原则?

    2. 清单有哪些惊人的力量?

    3. 如何调整好心态,以获取精力?

    4. 在工作之余的八小时,我们可以通过管理自己的时间、利用好时间做哪些方面的提升?

答案

一、1.D 2.B 3.C 4.B

二、1. "SMART 原则"中每个字母都代表一个单词，其中"S"是"Specific（明确的）"，"M"是"Measurable（可衡量的）"，"A"是"Attainable（可实现的）"，"R"是"Relevant（相关的）"，"T"是"Time-bound（有时间期限的）"。

2. 可以减轻焦虑，帮助你抵挡工作的压力；可以使你的生活更有规划，增加自律力；可以提升你的专注力；可以帮助你整理思绪；可以使你更加自信。

3. 正确认识自我，产生自我认同感；重视情绪管理。

4. 身体素质；专业技能；阅读能力；学习能力；写作能力；时间管理；独立思考；知识管理；人际沟通；谈判能力；项目统筹；演讲演示。

附录A 精选十大时间管理APP

一、番茄土豆

"番茄土豆"这款软件有手机端和PC端,都可以在官方网站提供的下载链接(https://www.pomotodo.com/#apps)上下载后注册使用,如下图所示。

下载番茄土豆应用

"番茄土豆"是建立在番茄工作法原理基础上的一款应用。"土豆"即你需要完成的任务,"番茄"即你完成任务所用的时间。与其他APP不同的是,这款软件不仅能在手机上使用,也提供了PC端,方便了我们的日常使用。这里我们以PC端——Windows桌面版为例,具体操作步骤如下。

第1步:打开软件,注册或登录。下载完成后,运行软件进入"登录"界面,在【邮箱】和【密码】输入框中输入信息后登录。新用户需要注册后登录,或者直接单击【跳过】按钮以游客身份进入。

第2步:设置偏好。为了让使用效果更好,可以设置偏好。单击进入【偏好设置】界面,在【通用】【账号】和【高级】选项卡下都可以设置参数,来强化用户体验。

第3步:添加任务。在【任务】选项卡下的输入框中输入需要用"番茄土豆"来完成的任务,按【Enter】键即可将任务添加到清单中。

第4步:开始完成任务。单击【25:00】按钮开始按顺序完成任务,

第十章 高效人生的五大日常习惯

基本方法和番茄工作法相同,即每进行 25 分钟任务休息 5 分钟,以此类推,直到任务完成。完成后可从【任务】切换到【番茄】选项卡,查看已完成的番茄数量。

第 1 步　进入"登录"界面　　　　第 2 步　"偏好设置"界面

第 3 步　添加任务　　　　　　　第 4 步　开始完成任务

179

二、Forest 专注森林

"Forest"原意为森林，就像它的名字一样，这款手机 APP 的玩法也在于通过执行番茄工作法来种植一片森林，完成一个番茄时钟即可种植一棵小树，一旦中断，树苗就会枯死。

需要注意的是，这款 APP 在安卓端上可免费使用，而 iOS 端则需付费购买后使用。具体操作步骤如下。

第1步：开始"种树"。在这款 APP 里，每执行一个番茄时钟（25分钟），即可种植一棵树。进入"Forest"界面，点击【开始】按钮，开始倒计时，你就可以放心去完成任务了。

第2步：设置分类及备注。在开始进行任务前或完成任务后，你都能对任务进行分类。既可以选择已有的分类，也可以添加自定义分类，还可以备注具体的任务内容和心得体会。

第1步　进入"Forest"界面　　第2步　设置分类及备注

第3步：注意事项。如果正在进行番茄时钟任务的时候，退出"Forest"界面或是切换到其他应用，即视为这个番茄时间被打断，正在种植的树将会枯死。

第 4 步：查看"森林"。在完成任务后你可以对任务完成情况进行查看。基于这样的玩法，每完成一个番茄时钟，就能够看到一棵树种植成功。每天结束时，看到自己种植了一片森林，心里的成就感便油然而生。而当任务被打断时，一棵正在成长的树就会枯死，从而给心理造成一定压力，以此来减少因为频繁使用手机而中断任务的情况。

第 3 步　注意事项

第 4 步　查看"森林"

此外，"Forest"还可基于日、周、月、年进行任务和时间分析，帮助我们真正了解自己的时间使用情况。

三、滴答清单

"滴答清单"是一款清单类的时间管理 APP，它以简洁舒适的界面和便捷的操作著称，主要是通过列清单的方式帮助我们管理时间。具体操作步骤如下：

第1步：创建任务。把脑子里想要做的每件事情都记录在清单里。点击列表页下方输入框，写下任务后点击右侧【保存】图标即可创建任务。

第1步　创建任务

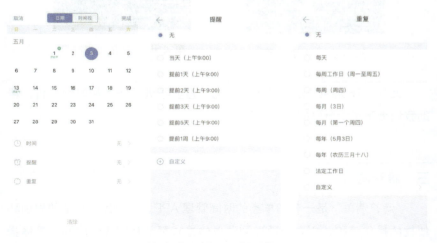

第2步　设置日期和提醒

第 2 步：设置日期和提醒。不用担心你会遗忘任务，"滴答清单"会及时提醒你。点击任务进入详情，再点击【日期＆重复】。此时会进入日历模式，你可以选择合适的日期和时间段来为任务安排时间。

点击【提醒】为任务设置提醒时间，可选择当天或提前几天，也可以自定义提醒时间。

为任务设置日期和提醒后，可以点击【重复】来继续设定任务的重复。"滴答清单"提供了强大的重复选项，如每天、每周、每月、每年等，方便我们对日常需要完成的任务进行管理。

第 3 步：完成任务。完成任务后需要及时打钩，提醒声响起后，点击弹窗下方【完成】图标即可将任务打钩，或者在应用里点击任务左侧的小方框也能打钩。

第 3 步　完成任务

四、Moment

手机总是吸引了我们太多的注意力,很多人都患上了"手机强迫症",明明无须使用手机,也要去看一看手机。工作的灵感常常会被手机中断。

"Moment"是一款记录你手机使用情况的 APP,打开后能帮助你记录你使用了多长时间,在何时唤醒了手机,打开了多少次。点击进入界面主页,你就能轻松查看到自己到底有多依赖手机,手机到底占据了你多长时间。

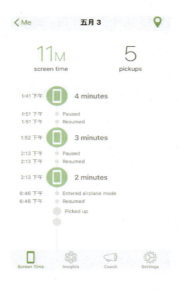

进入"Moment"界面

五、倒数日

害怕忘记重要的日子?想要知道离截止日期还有多久?在繁忙的生活日程中,我们有时候会因为忘记一些事情而后悔莫及,"倒数日"这款

第十章 高效人生的五大日常习惯

APP 就应运而生了。它有 iOS 和安卓两种客户端供我们选择。

"倒数日"是一款帮你记录生活中重要日子的小工具,界面非常简洁明了,和其他软件不同之处在于它将计时方式倒置了,以所剩不多的时间来提醒你要专心于任务,提高效率。具体操作步骤如下。

第 1 步:打开 APP,添加需要倒计时的项目。点击主界面右上角的【+】按钮即可进入添加界面。

第 2 步:编辑项目。在编辑界面填写项目名称,并依次选择时间、分类、是否置顶项目、是否重复、是否需要提醒。完成后点击【保存】按键即可保存项目设置。

第 1 步 进入"倒数日"界面　　第 2 步 编辑项目

第 3 步:查看正在倒计时的项目。设置完时间后只要打开页面就能看到离项目结束还有多少天,或者已过了多少天。蓝色代表还剩多少天,黄色代表已经过了多少天,红色为特别重要的日子。

第 4 步：更改编辑。当需要编辑某个项目时，点击需要编辑的项目，进入单个项目显示的界面，继续点击【编辑】按钮即可更改编辑。

第 3 步　查看正在倒计时的项目

第 4 步　更改编辑

"倒数日"的基本分类有三种，即个人、工作及生活，此外，还可以手动添加其他分类。这个设置完成后，再返回界面，你不仅可以在所有行程中看到你设置的日子，还可以分别打开。它还有许多功能，如支持万年历（从公元元年 1 月 1 日到公元 9999 年 12 月 31 日的倒数/正数日期）、提醒（本地事件支持提醒）、历史上的当天等。

六、潮汐

"潮汐"这款 APP 也是基于番茄工作法原理开发的，但它有一大特点与众不同，就是通过与白噪声的结合，来提高用户的专注程度。

第十章　高效人生的五大日常习惯

白噪声并不是噪声，而是一种实用的工具，它是诸如雨声、水声、鸟叫等不会让人特别关注的环境音，很多时候能够让人宁静和专注。白噪声被应用于很多领域，如助眠等。

在这款 APP 里，提供了"日暮里、雨天、森林、冥想、咖啡"五种场景，每种场景都有独特的白噪声，当点击【开始专注】按钮后，对应的白噪声就会启动，从而贯穿整个番茄时钟。具体操作步骤如下。

第 1 步：开始专注。打开软件，点击【开始专注】按钮，开始 25 分钟番茄时钟的倒计时，随即开始完成任务即可。

第 1 步　开始专注

第 2 步：选择白噪声。进入倒计时界面，会显示正在播放的白噪声，如果不喜欢可以进行更换。只需滑动界面便可更换白噪声。

第 2 步　选择白噪声

此外，在【设置】界面中用户可以根据自己的喜好，对 APP 进行设置。包括专注时长、休息时长和长休息的设置，是否自动开始休息，沉浸模式（在计时期间，如果退出 APP，则视为中断，当前番茄时钟作废），屏幕常量等。

七、爱当天

"爱当天"是一款以 1 万个小时理论为基础的时间管理应用，用来记录你花费在目标上的时间。通过区分投资时间、固定时间、睡眠时间及浪费时间，来管理你每天的具体时间，让你知道时间都去哪儿了，有助于提高效率。此外，它也依据番茄工作法内设了一个番茄时钟。它是一款专门为安卓用户开发的 APP。具体操作步骤如下。

第 1 步：进入界面。打开软件，在"当天"界面里可以看到它对时间使用情况的四种分类。

第十章 高效人生的五大日常习惯

第2步：添加目标。在"添加"界面填写你近期的目标，并依次选择图标、类型、级别及需要的时间等，会自动算出完成目标每天需要的时间。完成后点击【保存】按钮。

第1步 进入"当天"界面　　　　第2步 添加目标

第3步：为目标投资时间。点击【投资】右边的三角箭头，开始计时，随即完成制订的任务。这里投入时间代表你的投资。此外，【固定】【睡眠】和【浪费】三项也采用相同的计时方法。它们也是你一天时间的组成部分。

第4步：统计与分析。完成时间记录后你将能在"统计"界面中查看你近期的时间使用情况分析。

"爱当天"同时提供了番茄工作法的辅助记录工具。如果你想使用番茄时钟来帮助你管理时间，则切换到"番茄"界面即可使用番茄时钟来计时。

第 3 步　为目标投资时间

第 4 步　统计与分析

切换番茄时钟计时

八、34coins

"34coins"重在对你利用时间的方式进行记录和反思,它将时间管理拆解成相对简单的机械步骤:记录、回顾、总结。以此使你更明确地掌握时间使用情况,以引起愧疚心理的方式,促进时间使用效率的提高,并利用以此获得的成就感,培养并保持自制力。

"34coins"把你所有的时间都规划为五个板块,这五个板块分别代表了你的时间利用种类。以每半个小时为单位(共 17 × 2=34 / 天)来加以标记。具体操作步骤如下。

第 1 步:进入记录界面。打开软件,在"今日"界面中点击右上角的【+】按钮,即可进入记录界面。

第 2 步:记录时间使用情况。输入起始时间和结束时间,选择类别,输入事件描述,点击【完成】按钮即可。

第 1 步 进入记录界面

第 2 步 记录时间使用情况

类别一共有五类：蓝色——尽兴娱乐；绿色——休息放松；黄色——高效工作；橙色——强迫工作（必须去做但没有太多意义的工作时间）；红色——无效拖延。

第3步：查看记录。返回界面即可查看时间记录。

第4步：查看金币值。切换到"图表"界面可以查看当天你所完成的项目对应获得的金币值。金币值能够直观地反映出你当日工作的效率。

第3步　查看记录

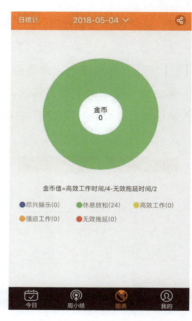

第4步　查看金币值

此外，在"周小结"界面你还能对一周进行简单回顾，记录下自己本周读过的书、看过的电影、做过的有意义的事等。

第十章　高效人生的五大日常习惯

进行一周的简单回顾

九、小日常

"小日常"是一个简简单单的习惯追踪应用，没有社交，没有小组，旨在关注自己的每一天，通过每天给自己的习惯打卡，完成每天要坚持的习惯，每天小小的坚持，最后成就大大的梦想。

这是一款习惯记录应用，你可以在软件上记录每天想要坚持的习惯，并坚持下去。在"习惯"界面能够查看到你的每个习惯已经坚持了多少天。

习惯记录

十、iHour

"iHour"是一款能够创建、规划、计划的免费 iOS 端 APP,它巧妙结合了"番茄时间管理法"。同时,为了鼓励用户更好地执行任务,还内置了类似于游戏的成就系统。具体操作步骤如下。

第 1 步:进入主界面。打开软件,主界面会显示当前待完成的任务。点击右上角的【+】按钮,即可进入添加任务界面。

第 2 步:添加任务。在"新增项目"界面中填写任务标题、选择是否开启提醒功能、选择图标,还可以选择周期性的提醒时间。

第十章　高效人生的五大日常习惯

　　第 1 步　进入主界面　　　　　　第 2 步　添加任务

　　第 3 步：开始进行任务。向左滑动创建好的计划可显示该计划的详情；向右滑动则进行倒计时，即类似"番茄时间"的管理模式，让用户专注于执行当前任务。

　　当满足特定条件时，如单个计划已累计执行了 100 个小时，便会解锁相应的成就。"iHour"中一共有 86 个成就，其中一些成就的获得条件还是隐藏的，就像在玩游戏一样。

　　第 4 步：统计与反馈。切换界面可以查看时间使用情况，便于我们进行统计与反馈。并且所有数据均能通过微博、E-mail、微信等分享给好友。

第 3 步　开始进行任务

第 4 步　统计与反馈